논 리 적 사 고 훈 련

도 전 I Q

논리적 사고훈련
도전 IQ

초판 1쇄 인쇄 | 2019년 6월 5일
초판 1쇄 발행 | 2019년 6월 14일

지은이 | 주거원 **옮긴이** | 이에스더 **펴낸이** | 박찬욱 **펴낸곳** | 오렌지연필
주소 | (10501) 경기도 고양시 덕양구 화신로 340, 716-601
전화 | 070-8700-8767 **팩스** | (031) 814-8769 **이메일** | orangepencilbook@naver.com
본문 | 미토스 **표지** | SongS

ⓒ 오렌지연필

ISBN 979-11-89922-04-7 (04320)
ISBN 979-11-89922-02-3 (세트)

※ 잘못 만들어진 책은 구입처에서 교환 가능합니다.

이 도서의 국립중앙도서관 출판예정도서목록(CIP)은 서지정보유통지원시스템 홈페이지
(http://seoji.nl.go.kr)와 국가자료종합목록 구축시스템(http://kolis-net.nl.go.kr)에서
이용하실 수 있습니다.
(CIP제어번호 : CIP2019021996)

글과 그림이 풍부한 재미있는 게임, 흥미진진한 테마 퀴즈!

논리적 사고훈련
도전 IQ

주거원 지음 | 이에스더 옮김

오렌지연필

들어가는 말

아인슈타인이나 스티븐 호킹에 대해 우리는 그들의 방대한 학식과 더불어 아무도 생각하지 못한 것을 생각해내는 사고력을 부러워한다. 그들의 지식수준은 다수의 일반인이 절대 뛰어넘을 수 없는 이른바 넘사벽이다.

'왜 어떤 사람들의 지식수준은 높고 또 어떤 사람들의 지식은 평범한 수준일까? 지식수준이 보통인 사람들도 후천적인 훈련을 거치면 지식수준을 높일 수 있을까?'

이에 대한 대답은 'Yes'이다. "세상에는 하려고만 하면 못 할 일이 없다"라는 의지를 북돋는 명언들은 그냥 나온 것이 아니다. 이것이 바로 이 세상에 그토록 많은 IQ테스트가 생겨난 이유이다.

나 역시 후천적 훈련으로 지식을 쌓도록 하기 위해 이 책을 기획했고, 'IQ'에 대한 책이 넘쳐나는 책 시장에 신선한 흐름의 물꼬를 트려고 한다.

이 책에는 우리가 열심히 머리를 써서 풀어야 하는 6가지 유형의 문제가 있다. 어디로 가야 할지 헷갈리는 미로 퀴즈, 예리한 눈으로 다른 사람들이 찾아내지 못하는 것을 포착해내야 하는 그림 퀴즈, 숨바꼭질 같은 이치 퀴즈, 답이 꼭꼭 숨어 잘 보이지 않는 숫자 퀴즈, 두말할 것 없는 논리 도전, 상상력이 풍부해지는 난센스 퀴즈까지!

문제들은 다양하고 새롭고 재미있으며, 설명이 간단하고 이해하기 쉽기 때문에 머릿속에서 폭풍우가 몰아치는 와중에도 내용의 흐름을 간파하고, 답을 찾아낼 수 있을 것이다!

　가볍고 즐거운 마음으로 스스로 이 문제들을 해결해나가자. 이렇게 자신의 IQ에 끊임없이 도전하다 보면 생각지도 못한 즐거움을 얻게 될 것이다!

들어가는 말 ‥4

part 1. 미로에서 탈출하라

001 똑똑한 쥐 ‥ 12　　**002** 앞으로 전진 ‥ 13　　**003** 칸 건너뛰기 ‥ 14　　**004** 반드시 지나가야 하는 길 ‥ 15　　**005** 다이아몬드 게임 ‥ 16　　**006** 출구 퀴즈 ‥ 18　　**007** 파리의 발자국 ‥ 19　　**008** 성실한 꿀벌 ‥ 20　　**009** 경찰의 순찰 ‥ 21　　**010** 얼룩말과 함께하는 탐험 ‥ 22　　**011** 검은 점 퀴즈 ‥ 23　　**012** 지하철 순찰원 퀴즈 ‥ 24　　**013** 육각형을 통과하는 직선 ‥ 26　　**014** 교차되지 않는 선 ‥ 27　　**015** 철로 퀴즈 ‥ 28　　**016** 기사의 노선 ‥ 30　　**017** 12개의 동전 ‥ 31　　**018** 자리 바꾸기 퀴즈 ‥ 32

part 2. 그림 속 함정을 제거하라

019 말의 대이동 ‥ 36　　**020** 종이와 옷핀 ‥ 37　　**021** 원 나누기 ‥ 38　　**022** 그림자 찾기 ‥ 39　　**023** 설계도 배열 ‥ 40　　**024** 신기한 상자 ‥ 41　　**025** 말을 길들이는 방법 ‥ 42　　**026** 직선 혹은 곡선 ‥ 43　　**027** 바퀴벌레 박멸 대작전 ‥ 44　　**028** 신기한 보석 상자 ‥ 45　　**029** 잡아당겨 매듭 풀기 ‥ 46　　**030** 성냥개비 퀴즈 ‥ 47　　**031** 적은 누구일까? ‥ 52　　**032** 이상한 빵 ‥ 53　　**033** 땅 부자의 유언 ‥ 54　　**034** 땅을 어떻게 나눠야 할까? ‥ 55　　**035** 원 속 합계 구하기 ‥ 56　　**036** 투시 그림 ‥ 57　　**037** 게으른 시멘트공 ‥ 58　　**038** 조각난 바둑판 ‥ 59　　**039** 분해된 주사위 ‥ 60　　**040** 도형을 보고 추리해보자 ‥ 61

part 3. 숨겨진 비밀을 찾아서

041 틀린 그림 찾기 ·· 64　**042** 그림 전시회 ·· 65　**043** 쾨니히스베르크의 다리 ·· 66　**044** 다리 퀴즈 ·· 67　**045** 당선 퀴즈 ·· 68　**046** 서로 닮은 도형은 어떤 것일까? ·· 69　**047** 한 번에 그리는 그림 ·· 70　**048** 가위손 다강 ·· 71　**049** 스스로 방향을 바꿀 수 있는 기차 ·· 72　**050** 몇 개의 태양이 있어야 할까? ·· 73　**051** 성냥개비 22개의 다양한 변신 ·· 74　**052** 영토를 어떻게 나눌까? ·· 75

part 4. 숫자 속 신기한 이치

053 예배당 종소리 ·· 78　**054** 그들은 만날 운명일까? ·· 79　**055** 숫자 교향곡 ·· 80　**056** 난수표 ·· 82　**057** 난수표 2 ·· 83　**058** 조합 퀴즈 ·· 86　**059** 주사위의 숫자 ·· 87　**060** 계산 퀴즈 ·· 88　**061** 수수께끼를 푸는 사람들의 대화 ·· 92　**062** 샤오밍은 몇 점을 받았을까? ·· 93　**063** 마방진 ·· 94　**064** 몇 명이 있는지 맞춰보자 ·· 97　**065** 기린의 반점 ·· 98　**066** 신기한 전화 ·· 99　**067** 병 속의 물 ·· 100　**068** 신기한 마변다각형 ·· 101　**069** 숫자 게임 ·· 102　**070** 술통 퀴즈 ·· 104　**071** 몇 개의 사과가 있을까? ·· 105　**072** 마법의 숫자 ·· 106　**073** 쌍둥이의 비밀 ·· 107

CONTENTS

part 5. 논리를 향한 대도전

074 카드 게임 ·· 110   **075** 다음 숫자 ·· 111   **076** 빈칸 채우기 게임 ·· 112
077 무게를 재어보자 ·· 115   **078** 진짜와 가짜를 구별하기 ·· 116   **079** 이긴 사람을 찾아라 ·· 117   **080** 몇 개의 복숭아를 먹을 수 있을까? ·· 118   **081** 사라진 1천 원 ·· 119   **082** 배송비는 얼마일까? ·· 120   **083** 골드바를 어떻게 나눠야 할까? ·· 121   **084** 역방향 논리적 사고 문제 ·· 122   **085** 연약한 남자 ·· 123

part 6. 난센스 퀴즈

086 수학 난센스 퀴즈 ·· 126   **087** 동물에 관한 퀴즈 ·· 127   **088** 오늘은 무슨 요일일까? ·· 128   **089** 오랑우탄의 죽음 ·· 129   **090** 샤오밍은 왜 과제를 하지 않을까? ·· 130   **091** 시각장애인은 어떻게 위험을 피했을까? ·· 131   **092** 물리 퀴즈 ·· 132   **093** 누가 누구보다 느릴까? ·· 133   **094** 누가 내는 소리일까? ·· 134   **095** 개는 어떻게 뼈다귀를 먹었을까? ·· 135   **096** 명사수의 비밀 ·· 136   **097** 이미 늦은 도둑들 ·· 137   **098** 글이 없는 차용증 ·· 138   **099** 볏짚 부스러기가 잔뜩 묻은 시체 ·· 140   **100** 망가진 엔진 ·· 141   **101** 칼에 베인 상처로 범인을 찾아라 ·· 144   **102** 도망친 강도를 침착하게 총살하다 ·· 146   **103** 야영 화재 사건 ·· 147

정답 ·· 149

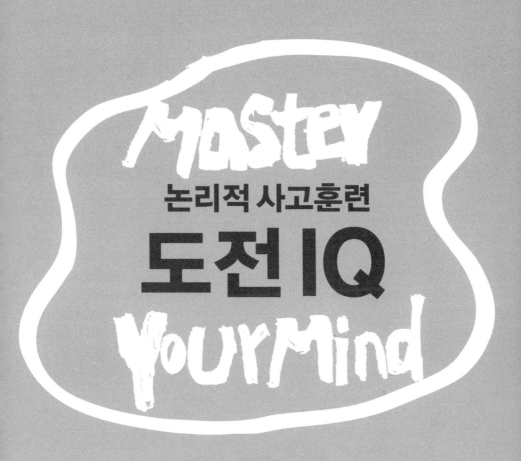

논리적 사고훈련

도전IQ

part 1.
미로에서 탈출하라

001 똑똑한 쥐

똑똑한 쥐 한 마리가 있었다. 오랜 시간 연습한 끝에, 그림 속 입구로 들어가서 통로에 있는 모든 치즈를 먹어치우고 난 뒤 다시 출구로 나올 수 있게 되었다. 만약 이 쥐가 자신이 한 번 갔던 길은 절대 다시 가지 않았다면, 어떻게 치즈를 다 먹고 통로를 빠져나올 수 있었을까?

힌트 : 아래 엇갈려 있는 길은 모두 서로 분리되어 있다.

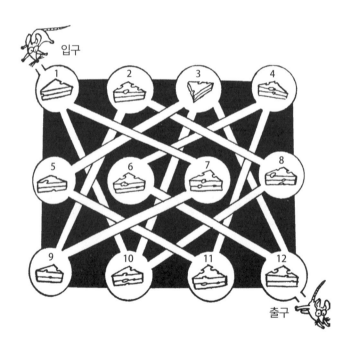

002 앞으로 전진

　아래 그림에서 A에서 출발해 B에 도착하는 방법은 2가지, A에서 출발해 C에 도착하는 방법은 3가지가 있다. 화살표가 가리키는 방향으로만 나아갈 수 있다면, A에서 출발해 도착하는 방법이 21가지인 지점은 어디일까?

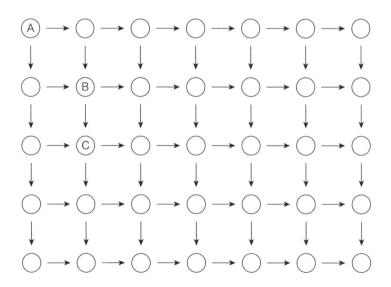

003 칸 건너뛰기

아래 그림 정중앙에 있는 ②에서 출발해 상하좌우 상관없이 어느 방향으로든 갈 수 있다. 다음 칸으로 갈 때는 칸 안의 숫자만큼 이동해야 하고, ●칸에 도착할 때까지 계속 나아가면 된다. 다만 대각선으로 전진하거나 전진하는 도중에 방향을 꺾어서는 안 되며, ●칸을 넘어가서도 안 된다. 최종적으로 도착하는 ●칸은 어디일까?

	●	●	●	●	●	●	●	
●	6	4	6	3	1	3	1	●
●	1	0	2	5	4	2	4	●
●	1	3	1	0	6	7	8	●
●	5	3	2	②	1	1	6	●
●	1	4	1	1	7	4	1	●
●	8	2	4	3	5	3	3	●
●	3	5	6	5	4	7	2	●
	●	●	●	●	●	●	●	

004 반드시 지나가야 하는 길

아래 그림은 A, B 도시 사이의 도로망을 나타낸 것이다. A 도시에서 출발해 중간에 각각의 마을을 둘러보되(꼭 모든 마을을 둘러볼 필요는 없다) 홀수의 마을을 방문해야 한다면, 반드시 지나가야 하는 길이 있다. 그 길은 어느 곳일까?

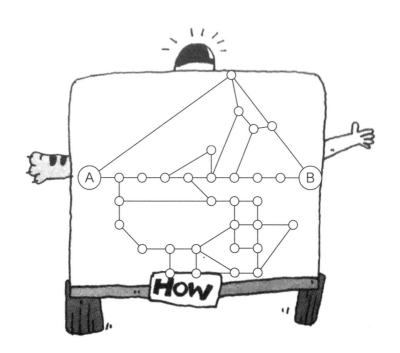

005 다이아몬드 게임

아래에는 총 3가지 문제가 있다. 말을 어떻게 움직여야 각각의 말판 중앙 칸에 단 하나의 말만 남길 수 있을까? 단, 마지막 말은 반드시 말판 정중앙에 놓아야 한다.

당신은 상하좌우 어느 방향으로든 말을 움직일 수 있다. 각 말은 다른 말을 하나씩 뛰어넘을 수 있고, 말을 뛰어넘으면 그 말을 없앨 수 있다. 다만 대각선으로는 말을 뛰어넘을 수 없다.

		1	2	3		
		4	5	6		
7	8	9	10	11	12	13
14	15	16	17	18	19	20
21	22	23	24	25	26	27
		28	29	30		
		31	32	33		

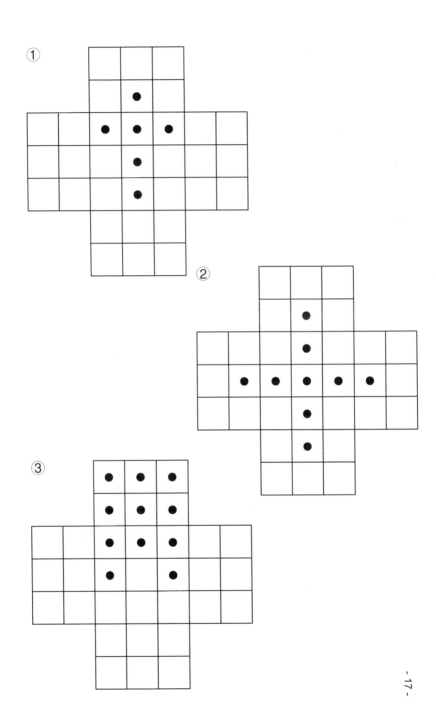

아래 그림은 어떤 식당의 평면도이다. 이 식당에는 여행객 전용 출입구 a, b, c, d가 마련되어 있다. 각각의 출구에 도착하기 위해서는 그림 속 2개의 검은색 방을 제외한 모든 방을 통과할 수 있다.

지금 A, B, C, D호실에 머무는 여행객들이 다른 사람이 지나갔던 길을 중복해서 지나가거나 다른 사람과 만나지 않으면서 각각의 전용 출입구로 나가려고 한다(A호실은 a출입구를 이용하는 방식). 그렇다면 그들은 각각 어떻게 가야 할까?

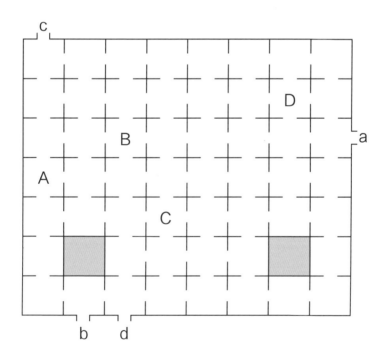

007 파리의 발자국

마분지를 잘라 8장의 정삼각형을 만들고 풀로 이어 붙여 아래
그림과 같은 정팔면체를 만들었다. 이때 갑자기 파리가 한 마리 날
아와 정팔면체의 각 변을 따라 기어 다니기 시작했다. 만약 이 파
리가 한 번씩 모든 변을 다 지나가고 이미 지나간 변은 다시 지나
가지 않는다면, 어떻게 간 것일까?

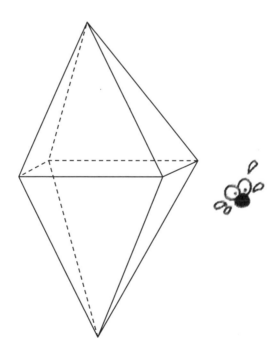

008 성실한 꿀벌

이상한 꿀벌이 한 마리 있었다. 그 꿀벌은 앞으로만 날고 직각으로만 방향을 바꿀 수 있었다. 이 꿀벌이 자신의 벌집에서 나가 그림 속 63송이 꽃에서 꽃가루를 수집해 돌아오려면 방향을 최소 몇 번이나 바꿔야 할까?

다만 그림 속 왼쪽 윗부분에 있는 아주 높은 철조망은 꿀벌이 통과할 수 없다고 한다.

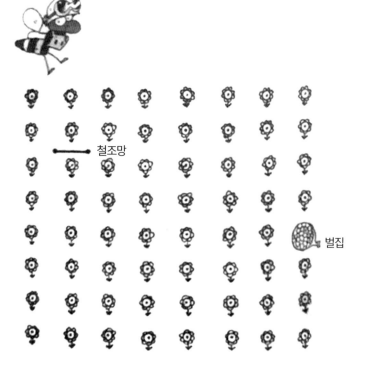

매일 밤 순찰을 도는 경찰관 한 명이 아래의 25개의 집을 순찰
해야 한다. 순찰을 돌 때 그가 꼭 지키는 원칙이 있는데, 그것은 바
로 절대 짝수 번째 집에서 코너를 돌지 않는다는 것과 자신이 갔던
길을 다시 가지 않는다는 것이다. 그렇다면 그는 어떻게 갔을까?

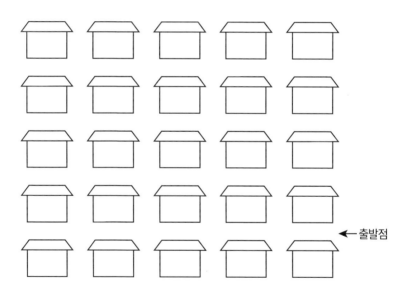

← 출발점

얼룩말과 함께하는 탐험

얼룩말 한 마리가 동굴로 들어가려고 한다. 어떻게 가야 할까?

011 검은 점 퀴즈

종이에서 펜을 떼지 않고 선을 그어 아래 12개의 검은 점들을 모두 통과하여 하나의 닫힌 도형을 만들 때, 최소 몇 개의 선분이 필요할까?

지하철 순찰원 퀴즈

　그림 속 남자는 지금 딜레마에 빠져 있다. 그는 방금 지하철 시스템의 순찰원으로 임명되었고, 그의 임무는 정해진 시간 내에 정기 순찰을 끝내는 것이었다. 그림에서처럼 회사의 17개 선로는 12개의 지하철역과 연결되어 있다. 지금 그는 자신이 순찰할 경로를 정하고 있다. 그는 최대한 적게 다니면서 모든 선로를 확인하고자 한다.

　그는 어디서부터 순찰을 시작하고 어디에서 끝낼지를 원하는 대로 정할 수 있다. 그렇다면 가장 짧은 경로는 어떤 것일까? 가장 간단한 방법은 무엇일까? 당신은 그가 어떤 결정을 하든 적어도 한 번은 동일한 선로를 지나가게 된다는 사실을 금방 알아차릴 수 있을 것이다. 다시 말해 각각의 역 간 거리가 1마일이라면 그는 최소 17마일을 이동해 모든 선로를 순찰해야 하는 것이다.

　그는 얼마만큼을 이동해야 모든 선로를 확인할 수 있을까? 당신은 그에게 어떤 경로를 추천하겠는가?

그림에서 보이는 것처럼 직사각형 케이스 안에 육각형이 들어 가 있다. 하나의 직선만을 그어 육각형의 6개의 변을 모두 통과하 게 할 수 있을까?

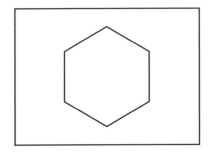

014 교차되지 않는 선

아래는 숫자 바둑판이다. 바둑판에 있는 숫자를 2개씩 연결해 합이 10이 되게 만들어라. 단 숫자를 연결할 때는 선과 선이 교차 되지 않아야 한다.

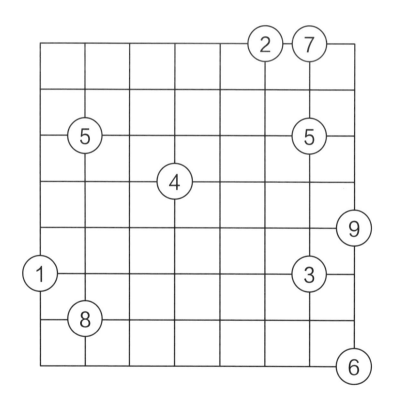

015 철로 퀴즈

큰 종이 위에 주차장 안내도를 그렸는데 그림처럼 중심이 같은 원형의 모습으로 나타났다. 이 그림에는 10개의 주차 자리가 있는데 그중 10번째 자리만 중심이 같은 3개의 원 위에 있지 않고, 다른 9개 주차 자리는 모두 원 위에 있고 평행한 위치에 있어서 자리들을 서로 연결하면 하나의 선분이 완성된다. 각각의 주차 자리에 번호를 매겼으며, 그중 3자리에는 A, 다른 3자리에는 B, 나머지 3자리에는 C라고 표시하였다. 그리고 지금 이 9자리에는 모두 주차가 되어 있는 상태이다.

이 경우에서 한 번에 한 대씩만 선을 따라 주차 자리를 옮길 수 있을 때, 각각의 원에 A, B, C 차량이 각각 한 대씩 서 있고, 각각의 직선상에도 A, B, C 차량이 각각 한 대씩 서 있도록 하는 방법을 찾되 가장 적게 움직이는 방법을 찾아야 한다. 총 몇 번을 움직여야 할까? 단, 비어 있는 자리로만 차량을 움직일 수 있다.

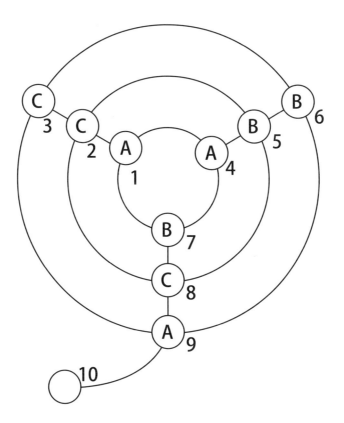

016 기사의 노선

옛날 한 기사가 A성에 살고 있었다. 어느 날 그는 B성에 갇혀 있는 공주를 구할 기사가 필요하다는 전갈을 받았다. 기사는 공주를 구하러 갈 준비를 시작했다. A성에서 말을 타고 출발해 B성에 도착하기 전에 강가에서 한 번은 말에게 물을 먹여야 한다. 가는 길에 별다른 장애물은 없다. 시간을 절약하려면 기사는 어떤 경로를 선택해야 할까? 아래 그림을 보고 그 길을 찾아보자.

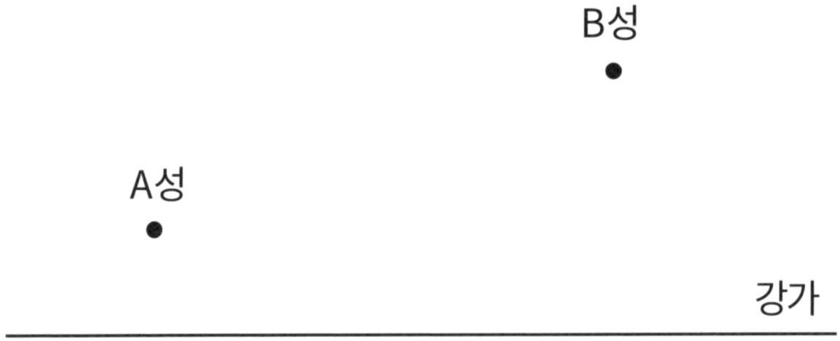

B성
●

A성
●

강가
─────────────────────────────

017 12개의 동전

동전 12개만 있으면 풀 수 있는 아주 훌륭한 퀴즈가 하나 있다. 동전들을 아래 그림과 같이 원을 따라 배열하면 된다. 한 번에 1개씩 동전을 들어 2개의 동전을 건너뛰어 세 번째 동전 위에 놓고, 또 다른 동전을 들어 이와 같이 하면 된다. 이런 식으로 6번을 이동해서 1, 2, 3, 4, 5, 6 자리에 동전이 각각 2개씩 짝지어 올라가도록 만드는 것이다. 이동할 때는 원을 따라 어느 방향으로든 움직일 수 있으며, 동전이 1개 올라가 있는 칸이든 2개 올라가 있는 칸이든 상관없이 뛰어넘을 수 있다.

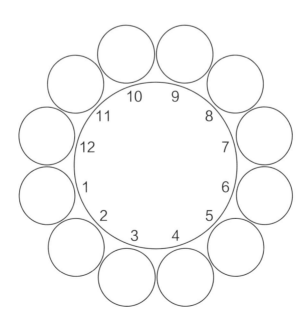

018 자리 바꾸기 퀴즈

칩의 자리를 바꾸면서 푸는 재미있는 퀴즈가 있다. 총 12개의 칩을 사용하는데 그중 A, C, E, G, I, K 6개는 테두리가 얇고, B, D, F, H, J, L 6개는 테두리가 두껍다. 우선 모든 칩을 아래 그림과 같은 위치에 둔다.

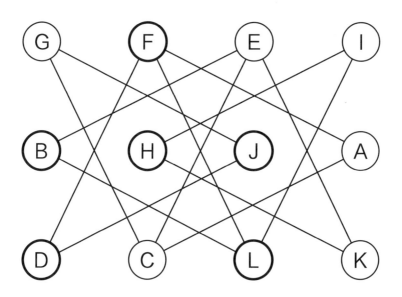

옆의 칩들을 아래와 같이 알파벳 순서대로 배열하려고 한다.

A	B	C	D
E	F	G	H
I	J	K	L

다만 같은 선상에 있는 서로 다른 테두리의 칩들만 서로 자리를 바꿀 수 있다. 즉 G와 J, 혹은 F와 A는 서로 자리를 바꿀 수 있고, G와 C 혹은 F와 D는 자리를 바꿀 수 없는 것이다.

그렇다면 칩의 자리를 17번만 바꿔서 앞서 말한 알파벳 순서로 배열해보자.

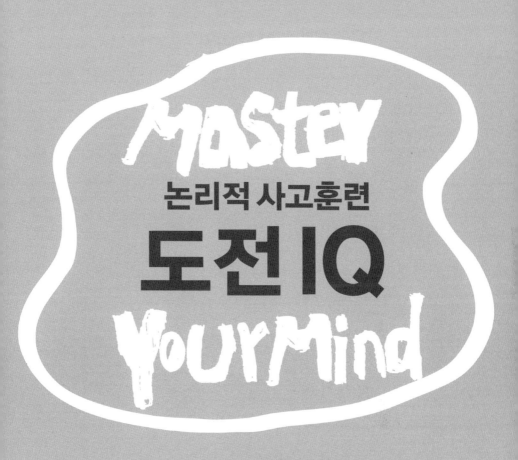

part 2.
그림 속 함정을
제거하라

6개의 칸 안에 5개의 말이 있고, 말은 빈칸으로 한 칸씩만 움직일 수 있다고 한다. 병과 졸이 서로 자리가 바뀌려면 최소한 몇 번을 이동해야 할까?

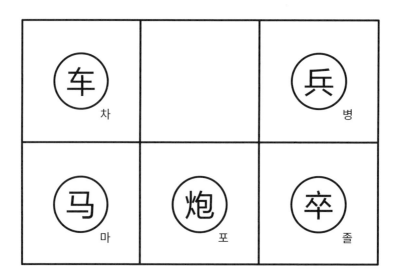

같은 모양의 종이 20장이 아래와 같이 떨어져 쌓여 있고, 이 중 몇 장은 옷핀에 집혀 있다. 옷핀에 집혀 있는 종이는 총 몇 장일까?

광장에서 원 씌우기 게임을 하고 있다. 그림 속 커다란 원 안에 들어 있는 10개의 스마일 모양은 10가지 물건을 나타낸다. 만약 당신에게 3개의 작은 원을 주고 10가지의 물건이 각각 구분된 공간에 들어가도록 원을 씌우라고 한다면 어떻게 해야 할까?

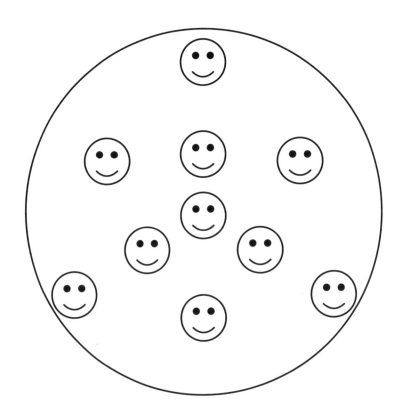

그림자 찾기

그림 A, B, C에 빛을 비춰 그림자를 만들었다. 아래 9개의 그림자 중 각각의 그림에 알맞은 그림자는 어떤 것일까?

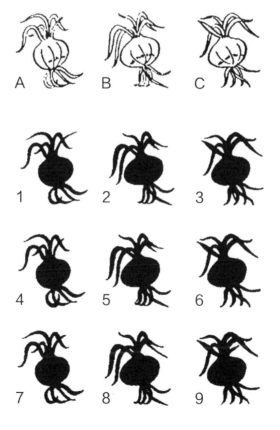

설계도 배열

아래에 입체도형 Ⅰ, Ⅱ, Ⅲ, 측면도 1, 2, 3, 평면도 A, B, C가 있다. Ⅰ, Ⅱ, Ⅲ의 순서에 따라 그 도형에 알맞도록 측면도 1, 2, 3과 평면도 A, B, C의 순서를 재배열해보자.

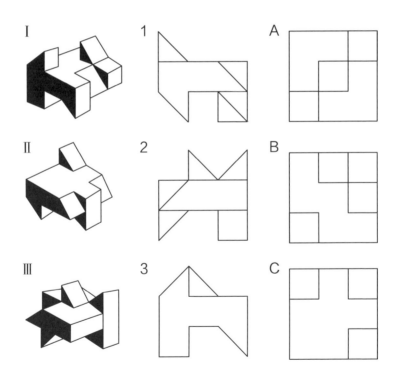

위쪽에 있는 전개도로 상자를 만들 때, 만들어진 상자는 1~4번
중 몇 번 모양일까?

025 말을 길들이는 방법

어떤 말 목장에 경주용 영국 순종 말이 15필 있다. 이 말들은 성질이 고약해서 여러 말을 한데 모아놓으면 이리저리 날뛰고 울어대기 일쑤였다. 수많은 연구 끝에 이 말들은 홀수의 말끼리 총 4개의 울타리 안에 모아놓아야 말도 잘 듣고 온순해진다는 것을 알게 되었다. 그렇다면 말들을 어떻게 나눠야 할까?

026 직선 혹은 곡선

그림 속에는
4개의 선이 있다.
이 선들은 직선일까,
곡선일까?

팁: 눈과 지면의 높이가 같아야 한다.

027 바퀴벌레 박멸 대작전

24마리의 바퀴벌레가 아래 그림과 같이 흩어져 있다. 이제 4개의 직선을 이용하여 24마리의 바퀴벌레를 3마리에 1조로 나누어 죽이려고 한다. 어떻게 나눠야 할까?

028 신기한 보석 상자

그림에서 보이는 것처럼, 보석 반지가 상자 위에 놓여 있다. 이 그림 속 상자에 실선을 몇 개 그어 속이 보이는 육면체로 바꾸면 반지를 상자 안에 넣을 수 있다. 어떻게 해야 할까?

아래 1~4번의 그림 중, 줄의 양쪽 끝을 잡아당기기만 하면 매듭
이 풀리는 것은 어떤 것들일까?

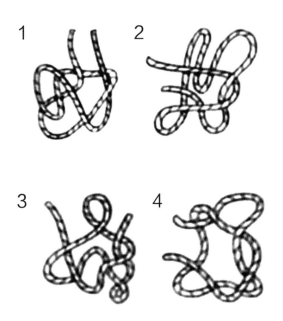

아래의 몇 가지 퀴즈를 함께 풀어보자!

1. 성냥개비가 아래와 같이 세워져 있다. 이 중 3개만 움직여 역삼각형을 만들 수 있을까?

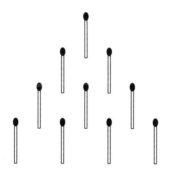

2. 아래 그림은 24개의 성냥개비로 만든 도형의 모습이다. 이 중 8개를 없애 2개의 정사각형을 만들 수 있을까?

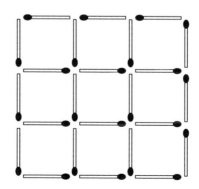

3. 아래 그림은 정사각형의 땅 중앙에 작은 정사각형의 연못이 있는 모습이다. 이 연못 밖의 땅을 6명에게 공평하게 나눠주려고 한다. 어떻게 나눠야 공평할까? 성냥개비를 활용해 나눠보는 것도 좋다. 또한 이 땅을 8명에게 공평하게 나누려면 어떻게 해야 할까?

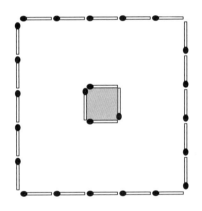

4. 아래 그림은 12개의 성냥개비로 만든 정사각형이다. 성냥개비 하나를 한 변으로 하는 정사각형의 넓이가 '1 제곱 성냥개비'일 때, 아래 정사각형은 9 제곱 성냥개비이다. 그렇다면 12개의 성냥개비로 넓이가 5 제곱 성냥개비인 도형을 만들려면 어떻게 해야 할까?

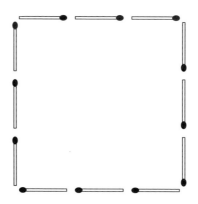

5. 아래 그림 a의 윗줄에는 총 8개의 성냥개비가 있다. 아랫줄과 같이 성냥개비 1개를 들어 2개의 성냥개비를 건너뛴 뒤 그다음 성냥개비에 겹치게 올려두는 식으로, 겹쳐 있는 성냥개비 총 4쌍을 만들어라. 단 성냥개비는 네 번만 이동할 수 있다. 그림 a 문제를 성공했다면, 그림 b의 성냥개비 15개를 가지고 한 번에 3개의 성냥개비를 건너뛰어 총 3개가 겹쳐 있는 성냥개비 5쌍을 만들 때, 최소한 몇 번을 움직여야 할지 생각해보자.

(a)

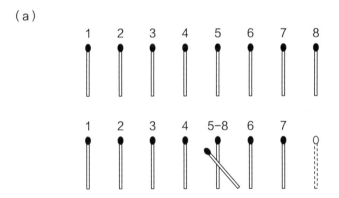

(b)

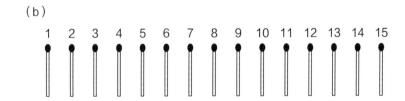

6. 먼저 9개의 성냥개비를 이용해 넓이가 같은 정삼각형 4개를 만들어라. 그리고 그중 3개의 성냥개비를 뺀 6개의 성냥개비로 4개의 삼각형을 만들어라.

적은 누구일까?

풍차를 적군으로 착각했던 돈키호테처럼, 어떤 용사가 눈이 어지러웠던 나머지 아래 그림과 같이 1명의 적군이 4명으로 보였다. 그렇다면 몇 번 적군이 진짜 적군일까?

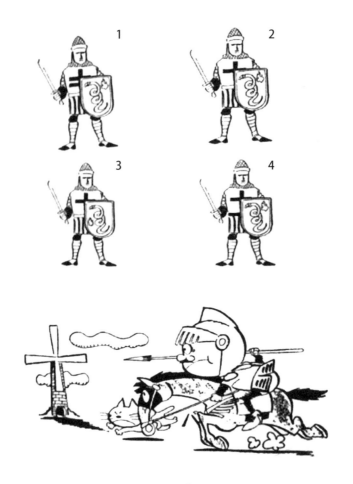

032 이상한 빵

성격이 괴팍한 제빵사는 짓궂은 장난을 치는 것을 좋아했다. 어느 날 그는 아래 그림처럼 이상한 모양의 빵을 구웠다. 이 빵을 딱한 번의 칼질로 최대한 많은 조각이 나오도록 하여 최대한 많은 사람에게 나눠주려면 어떻게 잘라야 할까?

한 남자가 큰 땅을 가지고 있었다. 그는 죽기 전에 4명의 자식에게 유언을 남기고 이를 따르게 했다. 그는 유언에서 자신의 땅 중앙에 지은 집 A, B, C, D와 가장자리에 지은 차고 a, b, c, d를 포함한 땅을 넷이서 반드시 공평하게 나누어 각자 집과 차고를 한 채씩 가지도록 하였다. 또한 그는 넷이 각자 개인적인 공간을 가질 수 있도록 자신의 집에서 차고까지 가는 길에 절대 다른 사람의 땅을 지나가지 않게 하였다. 그를 대신해 자식들에게 땅을 나눠줘보자.

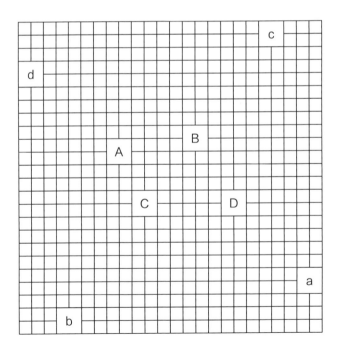

땅을 어떻게 나눠야 할까?

클라우디 씨는 아래 그림처럼 불규칙한 모양의 땅을 구입했다. 그는 이 땅을 크기와 모양이 똑같은 8개의 땅으로 나눠서 8개의 가게에 임대해주려고 했지만, 아무리 생각해도 어떻게 나눠야 할지 알 수가 없었다. 이 땅을 어떻게 나눌 수 있을까?

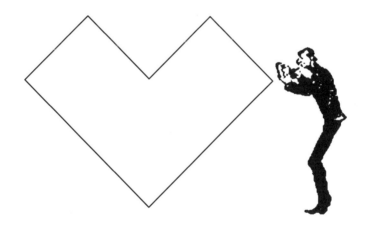

035 원 속 합계 구하기

0~5까지 6개의 숫자가 있다. 아래 그림 속 작은 원 안에 각각의 숫자를 써넣어 하나의 큰 원 위에 있는 숫자의 합이 10이 되게 해 보자.

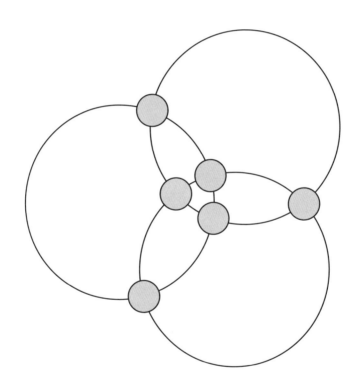

036 투시 그림

만약 우리가 이 화분을 뒤에서 바라본다면 1~5번 중 어떤 모습
일까?

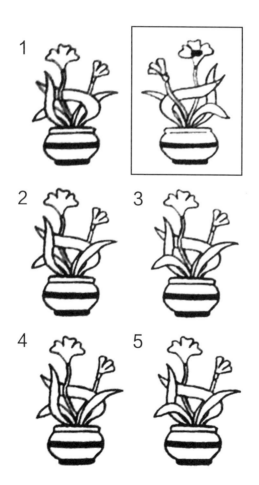

037 게으른 시멘트공

한 게으른 시멘트공이 있었다. 곧 해가 지려고 하자 그는 빨리 일을 끝내고 집으로 돌아가고 싶어 마음이 조급해졌다. 하지만 눈앞의 벽에는 아직 타일을 붙이지 못한 부분이 남아 있었다. 그 순간 그는 좋은 생각이 떠올랐다. 이미 배열해놓은 타일들을 그대로 갖다 붙이는 것이었다. 하지만 미리 배열해놓은 타일 1, 2, 3, 4 중 하나로는 벽의 빈 공간을 다 메울 수 없었다. 그는 좀 더 고민한 끝에 2개의 타일을 이어 붙이면 빈 공간을 완벽하게 메울 수 있다는 것을 알게 되었다. 그 2개의 타일은 어떤 것일까?

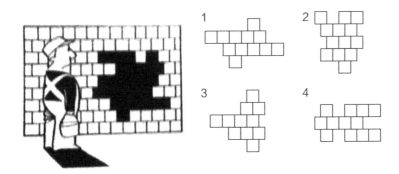

038 조각난 바둑판

어떤 사람이 64개의 칸이 있는 국제 장기판을 아래 그림과 같이
8조각으로 나누었다가 다시 원래대로 되돌리려고 하니 어떻게 해
야 할지 알 수가 없었다. 그를 도와 장기판을 맞춰보자.

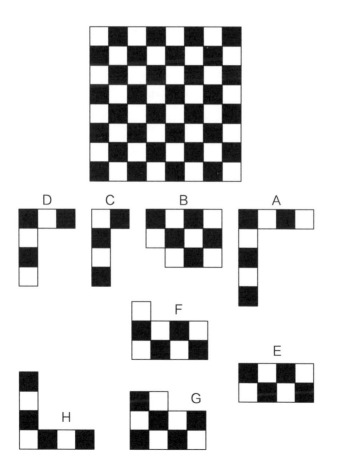

039 분해된 주사위

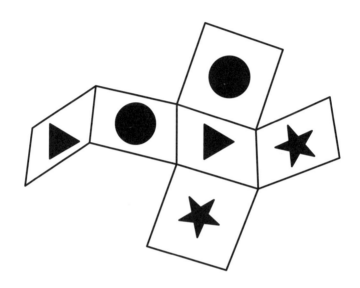

아래의 주사위 중 어떤 것들이 위 분해도로 만든 주사위일까?

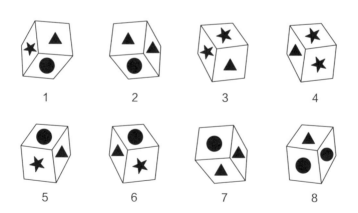

도형을 보고 추리해보자

첫 번째 그룹의 도형들을 자세히 관찰한 후, 이 그룹의 규칙에
따라 두 번째 그룹의 도형에서 어떤 도형이 부족한지 알아보자.

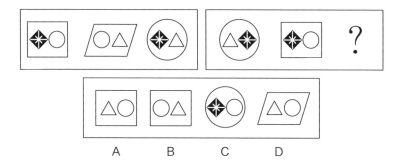

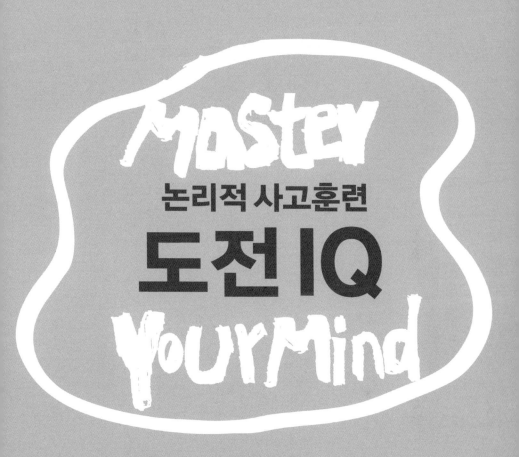

part 3.
숨겨진 비밀을 찾아서

틀린 그림 찾기

아래 야구 선수가 있는 그림은 좌우가 대칭이다. 그런데 좌우 그림에는 서로 다른 곳이 4군데가 있다. 어떤 부분이 다른 걸까?

042 그림 전시회

한 추상파 화가가 전시회에 출품할 그림을 그리려고 한다. 그는 캔버스에 아래의 그림과 같은 선분들을 그렸다. 그리고 5가지의 유화 물감으로 분리된 공간에 서로 다른 색을 칠하되, 이웃하는 공간에는 같은 색을 칠하지 않으려고 했다. 그런데 옆에서 이를 보던 다른 화가가 4가지의 물감이면 충분하다고 말했다. 과연 누구의 말이 맞을까?

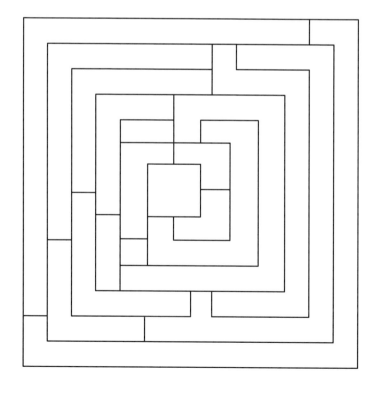

043 쾨니히스베르크의 다리

아래 그림에는 7개의 다리가 있다. 한 번 갔던 다리는 다시 가지 않으면서 이 다리들을 모두 건널 수 있을까?

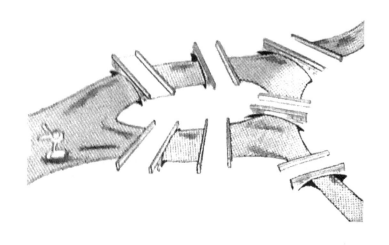

044 다리 퀴즈

앞의 문제를 풀고 나서, 아래의 15개 다리를 한 번씩만 지나가
면서 모두 지나갈 수 있는 방법이 있는지 알아보자.

당선 퀴즈

말판에 9개의 인물 말이 있다. 이 말에 그려진 인물들은 과거 2 번의 의원선거에서 당선한 사람들과 낙선한 사람들이다. 말을 가 장 적게 움직여서 이 중 8명의 말을 모두 없애고 1명의 말만 말판 의 정중앙에 놓아라. 물론 말은 상하좌우 혹은 대각선 방향으로도 모두 이동할 수 있다.

다이아몬드 게임처럼 말은 이웃하는 빈 칸으로 이동할 수 있고, 이웃하는 칸이 비어 있지 않은 경우에는 말을 뛰어넘어 다른 빈칸 으로 이동할 수 있다. 이때 아래에 있던 말을 없앨 수 있다. 그렇다 면 가장 마지막에 남는 말은 몇 번일까?

046 서로 닮은 도형은 어떤 것일까?

아래 그림에서, 윗줄의 도형 a~d 중 어떤 도형은 아랫줄의 모든 도형과 매우 닮아 있다. 그 도형은 무엇일까?

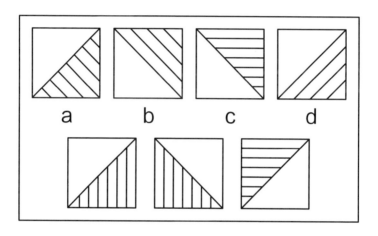

지나갔던 길을 다시 지나가지 않고 아래 그림을 그려보자.

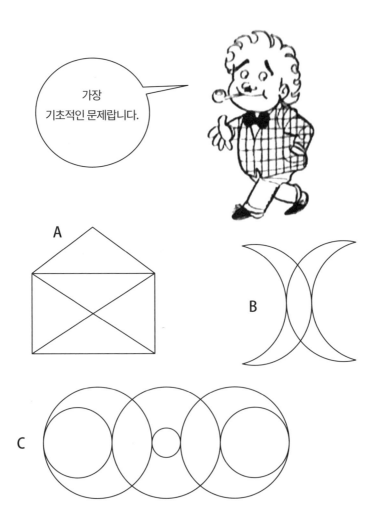

가위손 다강

어느 일요일, 심심했던 다강은 종이 오리기 놀이를 하고 있었다. 그때 다강의 엄마가 방 안에 들어와 다강의 발밑에 버려진 아래 그림과 같은 사다리꼴 모양의 종이 더미를 보고 말했다.

"다강, 이리 오렴. 엄마가 문제를 하나 낼게. 이 사다리꼴 모양의 종이를 잘 보고 이 종이를 잘라서 모양이 같은 작은 사다리꼴 4개로 만들 수 있겠니?"

엄마는 다강에게 종이를 자르는 횟수는 상관이 없다고 말했다.

다강은 아무리 생각해도 어떻게 해야 하는지 알 수가 없었다. 과연 어떻게 해야 작은 사다리꼴들을 만들 수 있는 것일까?

049 스스로 방향을 바꿀 수 있는 기차

기차가 승객들을 안전하게 목적지에 데려다주고 나서 다시 출발한 곳으로 돌아갈 준비를 하고 있다. 어떻게 하면 아래 그림에서 4개의 성냥개비만 움직여 기차의 방향을 바꿀 수 있을까?

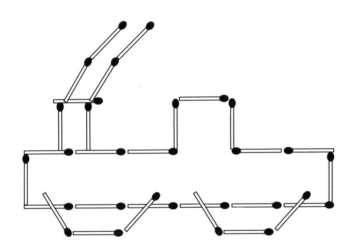

050 몇 개의 태양이 있어야 할까?

  아래 그림들 중 첫 번째, 두 번째의 그림에서 찾아낸 규칙에 따라 세 번째 그림 속 물음표 부분에 몇 개의 태양을 놓아야 저울이 평행을 유지할 수 있는지 알아보자.

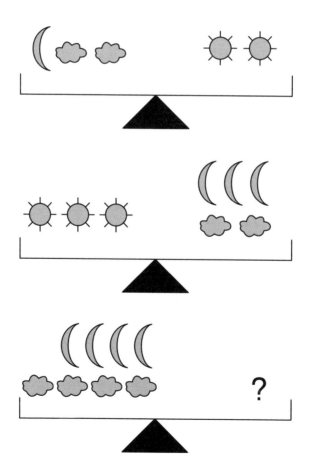

성냥개비 22개의 다양한 변신

성냥개비 22개로 아래 그림과 같은 도형을 만들었다.

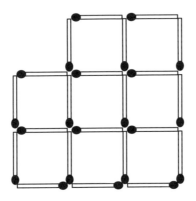

① 2개의 성냥개비를 움직여 크기가 같은 정사각형 7개를 만들어라.

② 크기가 같은 정사각형 7개에서 2개의 성냥개비를 빼서 크기가 같은 정사각형 5개를 만들어라.

아래 그림 속의 선을 따라 영토를 나누되 각각의 영토 안에는 점이 1개씩만 있어야 하고, 그 영토는 점의 중심을 기준으로 대칭해야 한다. 영토를 모두 나눈 뒤, 검정색 점이 들어 있는 모든 영토에 회색을 칠하면 아라비아 숫자의 윤곽이 드러난다고 한다. 색칠한 부분은 어떤 모양일까?

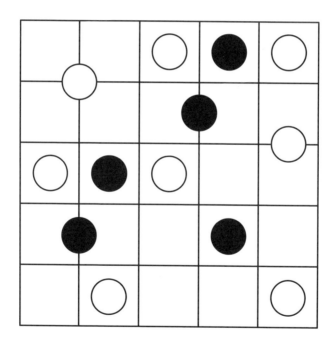

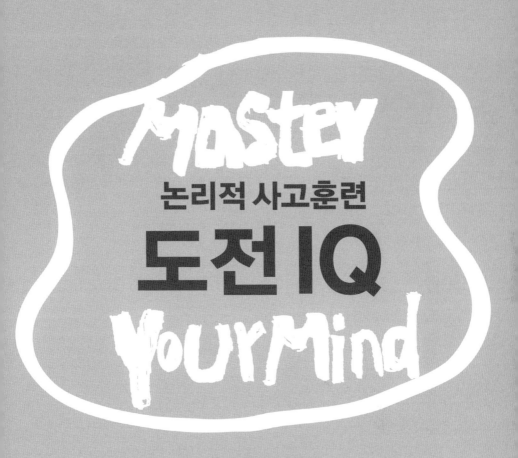

part 4.
숫자 속 신기한 이치

예배당 종소리

　마을 예배당 탑에는 큰 종이 있다. 6시 정각이 되어 종이 울리기 시작할 때부터 종소리가 끝날 때까지 총 1분이 걸린다. 그렇다면 12시 정각이 되어 종이 울릴 때, 종이 울리는 시간은 2분보다 길까, 짧을까? 그것도 아니면 정확히 2분 동안 울릴까?

054 그들은 만날 운명일까?

어느 날, 샤오밍과 샤오강은 도보여행을 가기로 했다. 그들의 여행 경로는 갑 지역에서 을 지역으로 가는 것이었다.

두 사람이 동시에 출발했음에도, 두 사람의 걷는 속도가 다르다 보니 가는 길도 달라졌다. 샤오밍은 비교적 일반적이고 안정적인 것을 좋아하고 규칙적으로 행동하는 편이라 이번에도 자신이 세운 '하루에 7km만 걷기' 목표를 끝까지 고집했다. 하지만 샤오강은 달랐다. 그는 수시로 변하는 것을 좋아하고, 자신이 끊임없이 발전하기를 원했기 때문에 자신이 세운 '첫날에는 1km만 걷기' 목표를 매일 1km씩 늘렸고 그 역시 자신이 세운 목표를 철저하게 따랐다.

그들이 매일 각자의 목표에 따라 걸을 때, 두 사람은 언제 서로를 만나게 될까?

055 숫자 교향곡

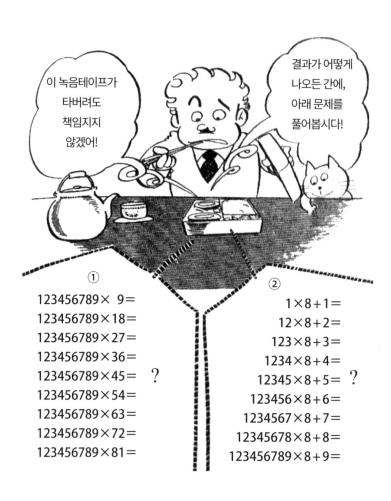

이 녹음테이프가 타버려도 책임지지 않겠어!

결과가 어떻게 나오든 간에, 아래 문제를 풀어봅시다!

①

$$123456789 \times \ 9 =$$
$$123456789 \times 18 =$$
$$123456789 \times 27 =$$
$$123456789 \times 36 =$$
$$123456789 \times 45 = \quad ?$$
$$123456789 \times 54 =$$
$$123456789 \times 63 =$$
$$123456789 \times 72 =$$
$$123456789 \times 81 =$$

②

$$1 \times 8 + 1 =$$
$$12 \times 8 + 2 =$$
$$123 \times 8 + 3 =$$
$$1234 \times 8 + 4 =$$
$$12345 \times 8 + 5 = \quad ?$$
$$123456 \times 8 + 6 =$$
$$1234567 \times 8 + 7 =$$
$$12345678 \times 8 + 8 =$$
$$123456789 \times 8 + 9 =$$

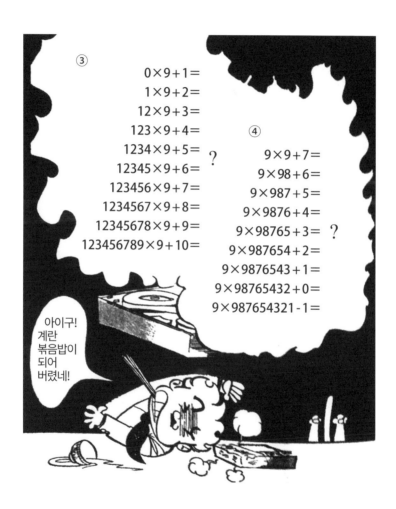

056 난수표

아래 표는 컴퓨터로 0~9까지의 숫자를 아무렇게나 입력한 것이다. 우리는 이 표를 난수표라고 부른다. 수많은 스파이가 이를 암호로 사용한다.

아래 표는 며칠 전 S도시의 어떤 식당에서 괴한에게 살해된 A나라 스파이 3-3-3호가 죽기 전에 손에 쥐고 있던 난수표이다. 3-3-3호는 노련한 정보 요원이었기에 가상의 적인 C나라와 W나라의 요원들도 전부터 그의 행방을 주시하고 있었다. 그래서 그를 살해한 사람도 W나라의 지하 조직 요원 아니면 C나라의 스파이일 것임을 짐작할 수 있다. 살해 현장에는 누구의 지문도 어떤 단서도 없었지만, 뛰어난 요원이었던 3-3-3호가 죽기 전에 난수표를 남겨 범인이 누구인지 알려주었다. 과연 당신은 이 표를 해석해서 범인이 누구인지 알아낼 수 있을까?

```
0 7 8 8 5 6 6 2 2 5 0 8 4 5 3 8 7 7 2 8
0 7 0 8 8 7 2 0 8 3 8 0 8 5 4 7 5 4 8 9
7 9 7 1 0 8 0 5 9 8 3 5 0 8 8 4 4 8 8 1
9 8 9 7 1 9 8 8 8 3 3 0 4 3 8 9 8 1 7 2
4 3 9 6 6 9 5 8 9 4 3 2 8 9 3 8 2 9 0 0
6 9 2 6 6 8 4 1 4 0 3 2 4 0 2 5 9 8 3 3
```

057 난수표 2

아래의 난수표에 숨겨져 있는 것을 찾아라. 눈이 아플지 모르니 안약을 준비하고 도전해보자!

①

6	8	8	6	7	7	8	9	8	0	2	7	7	8	0	4	6	7	8	6
4	6	4	3	1	9	0	4	0	5	6	8	3	8	1	6	4	2	6	5
3	1	6	3	0	5	6	0	6	5	2	4	2	6	1	1	0	6	7	6
5	6	2	6	7	5	7	6	1	2	1	5	2	2	8	2	6	1	3	9
8	4	0	7	6	6	1	9	0	5	2	3	6	2	6	6	7	8	9	1
3	6	1	7	0	6	4	2	7	2	0	6	7	8	6	9	5	2	1	3
2	0	6	9	8	8	6	1	4	2	3	1	0	6	2	0	5	7	7	6
5	4	0	7	6	7	4	6	2	9	4	9	6	6	3	1	0	4	9	2
7	9	0	9	4	8	7	9	6	1	5	6	7	8	4	0	5	5	8	1
6	0	3	6	6	1	4	1	9	6	6	0	1	5	7	7	4	5	2	6

2	3	4	3	9	0	9	6	3	0	9	6	7	4	2	6	1	2	7	9
4	6	2	4	7	6	7	1	2	5	5	5	4	7	8	8	4	9	1	0
1	6	7	8	9	1	4	5	7	9	0	3	3	0	8	9	3	7	6	1
5	2	7	8	1	3	5	8	3	5	1	8	1	9	6	8	3	4	9	9
7	7	0	3	8	3	2	7	0	5	3	9	0	1	8	8	6	5	4	8
4	9	3	2	7	5	2	5	6	9	6	8	6	3	1	6	3	9	0	1
5	5	6	2	5	7	4	9	9	0	9	7	1	6	4	5	9	8	7	7
4	8	3	4	4	9	4	5	1	5	8	9	1	3	5	3	1	1	7	2
2	4	3	9	1	4	1	2	6	8	3	7	3	0	3	8	3	6	1	9
9	9	0	1	3	8	4	6	7	9	9	7	2	5	4	7	2	6	4	4

③

9	6	9	2	4	3	3	1	7	0	8	5	3	8	5	7	0	2	7	6
9	3	9	2	2	1	7	7	5	8	1	8	4	8	3	3	1	9	0	7
8	0	1	3	5	5	8	6	2	0	9	7	5	2	2	0	3	4	1	3
5	2	2	3	4	4	2	8	4	5	9	0	0	9	6	6	7	3	0	7
4	7	5	2	3	1	0	4	2	9	7	7	9	9	2	1	4	1	1	4
0	3	1	4	0	7	9	0	3	0	6	1	3	2	0	0	5	3	1	2
9	1	6	4	8	4	8	6	0	5	2	1	6	2	7	2	5	2	7	1
4	9	2	6	0	1	1	7	2	9	9	3	9	3	0	1	3	9	0	6
9	6	1	7	0	3	3	4	2	1	5	7	1	3	6	4	5	7	0	3
9	9	3	1	3	5	9	3	9	3	1	7	7	5	1	3	3	7	5	3

팁: 중앙만 집중해서 보면
중요한 부분을 놓칠 수 있다.

표에서 특이한
점을 찾았나요?

058 조합 퀴즈

8장의 카드가 있다. 이 카드들을 똑같이 두 그룹으로 나누고, 두 그룹의 숫자의 합이 같도록 만들어보자.

팁: 일반적인 방법으로 보면 절대 문제를 풀 수 없다.

예: 1+4+7+8=20, 2+3+5+9=19

위 두 그룹의 합계는 비슷하기는 하지만 절대 같지 않다.

3개의 주사위를 던져 합이 12가 되었다. 첫 번째 주사위와 두 번째 주사위의 숫자의 합이 세 번째 주사위의 숫자와 같고, 세 번째 주사위의 숫자에서 두 번째 주사위의 숫자를 빼면 첫 번째 주사위의 숫자와 같다. 그렇다면 3개의 주사위는 각각 어떤 숫자가 나왔을까?

계산 퀴즈

이 문제는 각 숫자의 전후 관계에 따라 빈 칸에 어떤 숫자를 써야 할지 맞추는 퀴즈이다.

알파벳 퀴즈 역시 숫자 퀴즈와 같다. 숫자 대신 영어 알파벳으로 쓰기만 하면 되기 때문이다. 즉, 알파벳 하나가 숫자 하나를 나타내는 것이다. 그리고 숫자 퀴즈의 모든 빈칸은 0~9까지의 숫자만 들어갈 수 있다는 것을 주의하자.

①
```
      A B
      B A
  +     B
  ───────
    A A B
```

②
```
    2 5 □
    7 □ 6
  + □ 3 1
  ───────
  1 9 7 4
```

③
```
        8 2 3
    ×     1 □
  ───────────
    □ □ □ 5
    8 2 3
  ───────────
  □ □ □ □ 5
```

④
```
   A B 2 D E F
 ×         2
 ─────────────
   2 D E F A B
```

⑤
```
    S E N D
 +  M O R E
 ──────────
  M O N E Y
```

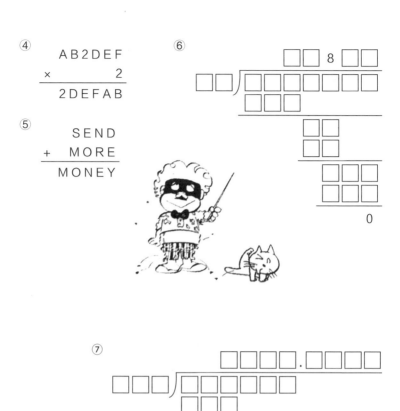

⑥
```
          □□ 8 □□
    ┌─────────────
 □□ │ □□□□□□□
    │ □□ □
    ─────────
       □□
       □□
    ─────────
       □□□
       □□□
    ─────────
          0
```

⑦
```
          □□□□.□□□□
 □□□ │ □□□□□□□
     │ □□ □
     ─────────
        □□□
        □□□
     ─────────
        □□□
        □□□
     ─────────
        □□□
        □□□
     ─────────
        □□□□
        □□□□
     ─────────
            0
```

단서는
소수점과 0에 있다.

⑧
```
  A J D H C
+ E C A E H
─────────
  G G A B B
```

⑨
```
  F G J G E
- C A E I D
─────────
  I E I I C
```

⑩
```
                    C I J F
A E J D ) E J J E D J B F
        □□□□□
        ─────────
          C E C E J
          □□□□□
          ─────────
            C G A G B
            □□□□□
            ─────────
              I B G J F
              □□□□□
                      0
```

A에서 J까지의 10개의 알파벳이 각각 어떤 숫자(0~9)를 나타내는지 맞춰보자. 물론 ⑧~⑪의 사칙연산에 모두 부합해야 한다.

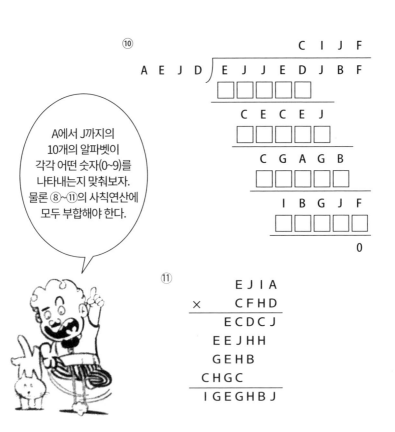

⑪
```
        E J I A
×       C F H D
─────────
      E C D C J
    E E J H H
  G E H B
C H G C
─────────
I G E G H B J
```

⑫는 알파벳 퀴즈 중에서도 조금 다른 유형의 문제이다.
(a)의 G는 짝수(0, 2, 4, 6, 8)을 나타내고 K는 홀수를 나타낸다.
이때 가장 작은 수가 나오는 조합과 가장 큰 수가 나오는 조합을 구해보자.

(b)의 P는 소수(2, 3, 5, 7)을 나타낸다.
이 알파벳들이 각각 나타내는 것이 어떤 숫자인지 맞춰보자.

⑫

(a)

```
    G G K
×     K K
  K K K K K
```

(b)

```
      P P P
×       P P
    P P P P
  P P P P
  P P P P P
```

061 수수께끼를 푸는 사람들의 대화

A: 내가 수수께끼 엄청 좋아하는 거 알지?

B: 당연하지.

A: 좋아. 그럼 다음 단서들로 우리 집 세 아이의 만 나이를 맞춰봐. 셋의 나이를 모두 곱하면 36이고, 모두 더하면 너희 집의 방 개수와 같아.

B: 단서가 너무 적어서 확신할 수가 없어.

A: 그럼 내가 단서를 하나 더 줄게. 큰 아이 두 명이 유치원에 다니고 있어.

B: 알았다!

A집 3명의 아이들은 각각 몇 살일까?

062 샤오밍은 몇 점을 받았을까?

두 번의 과학 시험이 있었다. 첫 번째 시험은 총 24문제로, 1문제에 5점이고, 틀리면(답을 쓰지 않는 것도 포함) 1문제에 1점씩 깎였다. 두 번째 시험은 총 15문제로 1문제에 8점이고, 틀리거나 답을 쓰지 않으면 1문제에 2점씩 깎였다. 샤오밍은 두 번의 시험에서 총 30문제를 맞았고, 첫 시험 점수가 두 번째 시험 점수보다 10점 높다. 샤오밍의 두 번의 시험 점수는 각각 몇 점일까?

그림 ①에서 보이는 것처럼, 9개의 칸 안에 숫자가 쓰여 있다. 이때 가로, 세로, 대각선의 숫자들의 합이 모두 같으면 이를 마방진이라고 한다.

그림 ①은 기본적인 마방진으로 모든 가로, 세로, 대각선의 숫자들의 합이 15다. 이는 오랫동안 유행했던 마방진이다.

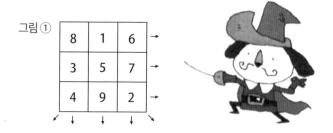

그림①

마방진을 만드는 방법은 여러 가지이다. 가장 간단한 방법이 바로 그림 ②에서 보이는 방법이다. 그림 ②와 같이 각 변의 칸 수가 홀수인 마방진을 만들어보자. 먼저 제일 윗줄 중앙에 1을 쓴다. 그리고 화살표 방향에 따라 오른쪽 대각선 위에 다음 숫자를 쓴다. 점선으로 이루어진 칸처럼 정사각형을 벗어나는 경우, 그 숫자는 반대편 칸에 쓴다. 그 외에 오른쪽 대각선 위 칸에 이미 숫자가 있는 경우, 직전에 쓴 숫자 아래 칸에 다음 숫자를 쓴다.

그림 ②

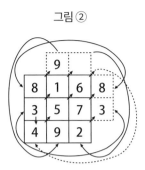

　이어서, 각 변의 칸 수가 짝수인 마방진을 만들어보자. 이 방법은 각 변의 칸 수가 홀수인 마방진을 만드는 방법과 완전히 다르다. 먼저 4차 마방진을 떠올려보자. 그림 ③과 같이 1~16의 숫자를 순서대로 마방진에 써넣은 다음 대각선 2개를 긋는다. 그리고 대각선상에 있는 모든 칸의 숫자를 지워 그림 ④와 같이 만든다. 이번에는 반대 순서로 숫자를 써넣은 다음 대각선상의 숫자만 남기고 나머지 숫자를 지운다. 그리고 이 두 가지를 합치면 마방진이 완성된다.

그림 ③　　　　　　　　그림 ④

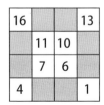

그림 ⑤는 앞서 말한 방식으로 만든 5차 마방진이다. 하지만 그
중 여러 군데를 벌레가 먹어버렸다. 비어 있는 부분에 알맞은 숫자
를 채워넣어 마방진을 완성해보자.

그림⑤

		1		15
	5			
	6			
	12	19		3
11				

그림 ⑥은 앞서 말한 방식으로 만든 8차 마방진이다. 이 역시 여
러 군데를 벌레가 먹어버렸다. 비어 있는 부분에 알맞은 숫자를 채
워보자.

그림⑥

64			61				
			12	13			16
						42	
			37				
					19		
49	15						
	58				62		

064 몇 명이 있는지 맞춰보자

샤오강은 외동아들이라 방학만 되면 항상 집에 혼자 있어야 해서 아주 외롭고 심심했다. 그래서 샤오강은 늘 엄마에게 삼촌 집에 가서 놀게 해달라고 졸랐다. 삼촌 집에 있는 사람들이 모두 샤오강을 아주 예뻐했고, 샤오강이 집에 갈 때마다 맛있는 것도 많이 만들어주었으며, 사촌들이 많아서 샤오강과 재밌게 놀아주었기 때문이다. 샤오강이 삼촌 집에 있는 사람의 수를 세어보고 나서 다음과 같은 결론을 내렸다.

'삼촌 집에는 3대의 사람이 있다. 할머니, 할아버지가 각각 1분씩 계시고, 2명의 아빠와 2명의 엄마, 2명의 아들과 2명의 딸, 1명의 형과 2명의 여동생이 있다. 이 사람들 중에서 4명은 자식이고, 3명은 손자나 손녀이다.'

이 조건에 따라 삼촌 집에 총 몇 명이 있는지 맞혀보자.

065 기린의 반점

기린 한 마리가 있다. 우리는 그 기린의 몸에 몇 개의 반점이 있는지 세어보려고 한다. 하지만 반점의 수를 세다 보니 어떤 반점들은 잘 보이지 않아 세기가 힘들다는 것을 알게 되었다. 이에 따라 아래 팁을 참고하여 반점의 수를 세어보려고 한다. 이 기린의 몸에는 몇 개의 반점이 있을까?

팁:
① 반점의 수는 3의 배수이다.
② 반점의 수를 다리의 수로 나누면 나머지가 3이다.
③ 반점의 수를 다리, 눈, 귀, 꼬리의 수의 총합으로 나누면 나머지가 6이다.

066 신기한 전화

① 당신의 전화번호를 적어라.

② 당신의 전화번호 숫자를 다시 조합해서 새로운 전화번호를 만들어라.

③ 두 가지의 숫자 중 큰 수에서 작은 수를 빼라.

④ 두 수의 차로 나온 수의 모든 숫자를 서로 더해라.

⑤ 오른손 집게손가락을 아래 그림의 ☆모양 위에 올려놓고 ④에서 나온 숫자만큼 화살표 방향으로 이동하라. 어떻게 하든 결국 손가락이 항상 제일 처음의 ☆모양에 돌아오게 된다는 것을 알 수 있다.

067 병 속의 물

3개의 병이 있다. 그중 하나는 12리터, 다른 하나는 9리터, 나머지 하나는 5리터의 물을 담을 수 있다. 지금 12리터의 병에는 물이 가득 차 있다. 이 물을 12리터의 병과 9리터의 병에 각각 6리터씩 담으려고 할 때, 다른 기구의 도움 없이 어떻게 물을 나눠 담을 수 있을까?

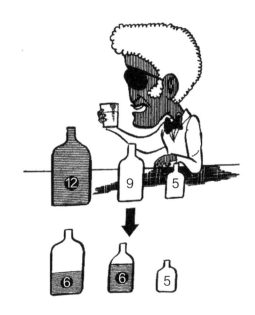

068 신기한 마변다각형

아래 그림들은 삼각형, 사각형, 오각형을 이루는 변 위의 칸 안에 1, 2, 3⋯ 등의 숫자를 써넣은 것이다. 또한 각 변 위에 있는 숫자의 합은 모두 같다. 이런 도형을 마변다각형이라고 한다.

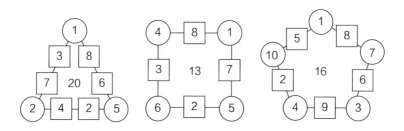

① 아래 왼쪽 그림의 빈칸에 3~6 사이의 서로 다른 숫자를 써 넣어 마변삼각형을 완성하고, 각 변의 합이 얼마인지 구해라.

② 아래 오른쪽 그림의 빈칸에 4~10 사이의 서로 다른 숫자를 써 넣어 마변오각형을 완성하고, 각 변의 합이 얼마인지 구해라.

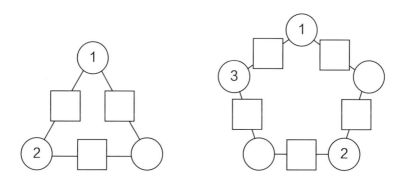

069 숫자 게임

이 게임은 그림 속 9개의 칸 안에 1~9의 숫자를 각각 1개씩 넣되, 새로운 숫자를 쓸 때마다 그 숫자의 상하좌우에 다른 숫자가 있는 경우 그 수를 3배로 늘려 써야 한다. 방법은 다음과 같다.

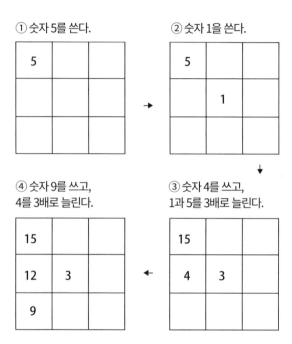

① 숫자 5를 쓴다.

② 숫자 1을 쓴다.

④ 숫자 9를 쓰고,
4를 3배로 늘린다.

③ 숫자 4를 쓰고,
1과 5를 3배로 늘린다.

이 게임의 목적은 빈칸에 숫자를 모두 채우고 나서 모든 숫자의
합이 가장 적은 경우를 찾는 것이다. 어떤 순서로 9개의 숫자를 써
넣어야 가장 적은 합을 구할 수 있을까?

두 개의 술통이 있다.

먼저, A통의 술을 일부 B통에 부었다. 부은 술의 양은 원래 B통에 들어 있던 술의 양과 같다.

그리고 다시 B통의 술을 A통에 부었다. 부은 양은 A통에 남아 있던 술의 양과 같다.

마지막으로 A통의 술을 B통에 부었다. 부은 양은 B통에 남아 있던 술의 양과 같다. 이렇게 하고 나서 보니 A, B통에 각각 48리터의 술이 들어 있었다.

그렇다면 처음에 이 두 술통에 들어 있던 술의 양은 각각 몇 리터일까?

071 몇 개의 사과가 있을까?

사과 한 바구니가 있다. 3명이 나눠 가지면 2개가 남고, 5명이 나눠 가지면 3개가 남고, 7명이 나눠 가지면 2개가 남는다. 이 바구니에는 최소 몇 개의 사과가 들어 있을까?

072 마법의 숫자

　　임의의 숫자 abc를 쓰고 숫자를 중복하여 써서 abcabc와 같은
6자리의 수를 만들어라.

　　이 수를 13으로 나누고 나머지는 무시하고 계산하지 않는다.

　　위의 몫을 7로 나누고 나머지는 무시하고 계산하지 않는다.

　　마지막으로 위의 몫을 11로 나눈다.

　　뭔가를 발견했는가? 이것이 무슨 현상인지 설명해보자.

073 쌍둥이의 비밀

49에 몇을 곱해야 4949가 될까?

38에 몇을 곱해야 383838이 될까?

두 자리 수 ab에 곱하여 얻은 수가 ababab가 되는 4가지 실수
를 찾아라. 그리고 두 자리 수 ab에 $73 \times 101 \times 137$를 곱하면 얼마
일지 생각해보자.

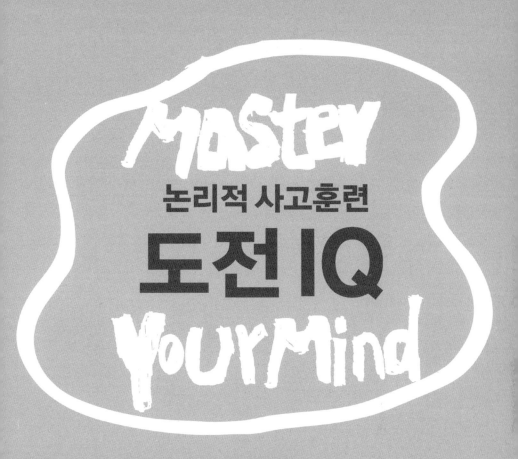

074 카드 게임

다류, 샤오홍, 샤오밍, 자오얼 네 사람이 함께 모여 카드 게임을 하고 있다. 다류, 샤오홍, 샤오밍은 모두 테이블 서랍 속에 16장에 카드가 있음을 알고 있다. 이 카드들은 하트 A, Q, 4, 스페이드 J, 8, 4, 2, 7, 3, 크로버 K, Q, 5, 4, 6, 다이아 A, 5이다.

이때 자오얼이 16장의 카드 중 하나를 뽑아 카드의 숫자는 샤오홍에게 알려주고, 카드의 모양과 색은 샤오밍에게 알려주었다. 그리고 자오얼은 두 사람에게 지금 알고 있는 숫자와 모양, 색을 가지고 이 카드가 어떤 카드인지 알아낼 수 있겠는지 물었다. 다류는 다음과 같은 대화를 듣게 되었다.

샤오홍: 나는 이 카드가 뭔지 모르겠어.
샤오밍: 나는 네가 이 카드가 뭔지 모른다는 것을 알고 있어.
샤오홍: 이제 이 카드가 뭔지 알았어.
샤오밍: 나도 알았어.

이 대화를 듣고 나서 다류는 잠시 고민한 뒤 정확하게 이 카드가 무슨 카드인지 알아맞혔다.

이 카드는 무슨 카드일까?

075 다음 숫자

076 빈칸 채우기 게임

다음 페이지부터 보이는 숫자와 그림들은 얼핏 보기엔 아무런 의미도 없고, 규칙도 없는 것 같아 보인다.

하지만 자세히 관찰해보면 이 숫자와 그림들이 아무렇게나 배열되어 있는 것이 아니라, 어떤 규칙이 있음을 알 수 있다. 이제부터 각 페이지의 빈칸에 알맞은 숫자나 그림을 채워보자.

예를 들어 아래 숫자에서 가장 마지막에 올 숫자는 무엇일까?

2, 3, 5, 8, 12, □

정답은 17이다. 2와 3의 차는 1, 3과 5의 차는 2, 5와 8의 차는 3, 8과 12의 차는 4이기 때문이다. 그러므로 다음에 이어질 숫자는 12+5=17이다.

옆의 그림 ⓐ를 잘 살펴보자. 물음표 위치에는 어떤 그림이 있어야 할까?

정답은 3번 그림이다. 윗줄의 그림에서 왼쪽, 오른쪽에 번갈아가며 선분이 하나씩 늘어나고 있기 때문이다. 그래서 다음에 이어질 그림은 4개의 선분이 그려진 아랫줄 3번 그림이다.

지금부터 이와 같은 빈칸 채우기 게임에 도전해보자!

그림 ⓐ

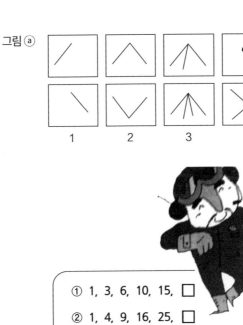

① 1, 3, 6, 10, 15, □

② 1, 4, 9, 16, 25, □

③ 3, 7, 15, 31, □

④ 25, 26, 24, 27, 23, □

⑤ 1, 1, 2, 3, 5, □

⑥ 1, 3, 4, 7, 11, 18, □

g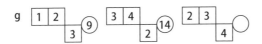

h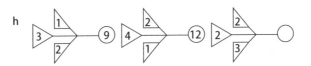

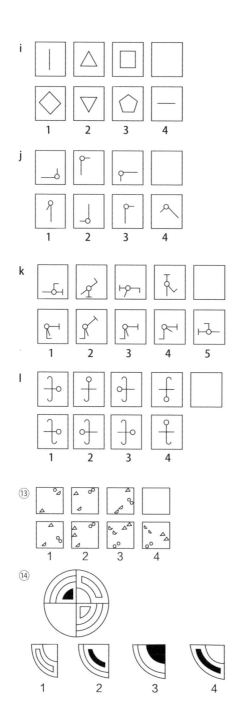

077 무게를 재어보자

공원에 아주 아름다운 소녀 9명이 있다. 그 소녀들은 키, 몸무게, 생김새가 모두 비슷해 보이고, 실제로도 그중 8명은 몸무게가 서로 완전히 똑같다. 하지만 나머지 1명은 다른 소녀들보다 몸무게가 덜 나간다. 이때 어떻게 하면 공원에 있는 시소를 이용해 몸무게가 가벼운 소녀를 찾아낼 수 있을까?

078 진짜와 가짜를 구별하기

　지구 어딘가에 never-never라는 도시가 있다. 이 도시 남쪽의
주민들은 항상 거짓말을 하고, 북쪽의 주민들은 절대 거짓말을 하
지 않는다.

　어느 날, 어떤 배낭여행자가 이 도시에서 여행을 하다 길을 잃
었다. 그는 자신이 남쪽에 있는지 북쪽에 있는지 알 수가 없었다.
그렇다면 가장 간단한 한마디로 그곳의 주민에게 자신이 정확히
어디에 있는지 알 수 있는 질문을 해보자.

Never-Never

079 이긴 사람을 찾아라

   린 선생님, 그의 여동생, 그의 아들과 딸 4명이 모여 마작을 두고 있었다. 게임이 끝나고 보니 가장 많이 이긴 사람은 쌍둥이 오빠와 여동생 중 한 사람이었고, 가장 많이 진 사람과 성별이 달랐다. 가장 많이 이긴 사람과 가장 많이 진 사람은 나이가 같고, 가장 많이 이긴 사람의 나이가 가장 어리다. 그렇다면 누가 이겼을까?

080 몇 개의 복숭아를 먹을 수 있을까?

복숭아 1개당 1천 원이고, 복숭아씨 3개를 복숭아 1개로 바꿀 수 있다. 그렇다면 1만 원으로 몇 개의 복숭아를 먹을 수 있을까?

081 사라진 1천 원

세 사람이 지방으로 여행을 떠났다가 밤이 되어 묵을 곳을 찾고 있었다. 그들은 한 민박집에 들어갔고, 민박집 사장님은 하룻밤을 묵는 데에 3만 원이라고 말했다. 그래서 세 사람은 각자 1만 원씩 3만 원을 모아 사장님께 냈다. 잠시 후, 사장님은 오늘 밤은 숙박비를 할인해서 2만 5천 원으로 묵을 수 있다며 종업원에게 5천 원을 내주고 그들에게 돌려주라고 말했다. 하지만 종업원은 그중에서 2천 원을 숨기고 3천 원을 세 사람에게 각각 1천 원씩 나눠주었다. 결과적으로 각자 9천 원씩 쓴 것이 되었다.

그런데 각자 9천 원씩 냈으니 총 2만 7천 원을 낸 셈이다. 여기에 종업원이 가로챈 2천 원을 합하면 돈은 총 2만 9천원이다. 1천 원은 어디로 사라졌을까?

082 배송비는 얼마일까?

장거리 배송을 담당하는 택배 회사에 어떤 고객이 유리 제품 배송을 맡겼다. 유리 제품은 총 800개이고, 양측은 제품 1개당 2천 원의 배송비를 내기로 협의했다. 하지만 제품이 훼손되는 경우, 고객은 배송비를 내지 않을 뿐만 아니라 택배 회사에서 1개당 3천 원의 보상비를 내야 했다. 제품 배송이 모두 끝나고 이 회사는 150만 원을 받았다. 그렇다면 배송하는 과정에서 몇 개의 제품이 훼손된 것일까?

083 골드바를 어떻게 나눠야 할까?

당신은 7일을 일한 사람에게 골드바를 1조각씩 주기로 했다. 골드바 1개는 7조각으로 이루어져 있다. 당신은 반드시 매일 일이 끝날 때마다 골드바 조각을 하나씩 주어야 하고, 이 골드바를 자를 기회는 단 2번뿐이다. 매일 어떻게 골드바 조각을 지급해야 할까?

084 역방향 논리적 사고 문제

1. 쉬 선생님은 아주 큰 실수를 저질렀다. 아내 앞에서 주머니 속 물건을 꺼내다가 그 안에 있던 술집 성냥갑, 아직 당첨되지 않은 마권, 옛 애인의 사진 등이 바닥으로 떨어진 것이다. 그는 당황한 와중에도 아내와의 싸움을 피하기 위해 두 손으로 각각 어떤 것을 가렸다. 그가 손으로 가렸을 때 가장 효과적인 것은 무엇일까?

2. 산골짜기에 사는 즈밍은 갑자기 라면이 먹고 싶어서 작은 냄비를 가져다가 물을 끓였다. 물이 막 끓어올랐을 때 그는 집에 있던 라면을 이미 다 먹었다는 사실을 알게 되었다. 급히 산 아래 슈퍼에서 라면을 사서 30분 후에 집에 도착하고 보니 솥에 있던 뜨거운 물이 모두 사라져 있었다. 어떻게 된 일일까?

3. 신흥 주택가에 위치한 A군과 B군의 집 사이의 거리는 100m 정도밖에 되지 않는다. 이곳에는 아직 두 집 외에 다른 집이 없고, 전화도 설치하지 않았다. 지금 A군은 B군에게 '우리 집에 와서 같이 놀자'고 말하고 싶다. B군 집에 직접 가서 말하지 않으면서 가장 빨리 B군에게 이 말을 전할 수 있는 방법은 무엇일까? A군에게는 도화지 10장, 매직펜, 테이프, 확대경이 있다는 가정하에 문제를 풀어보자.

085 연약한 남자

한 쌍의 연인이 카누를 타고 바다로 나가 놀고 있었다. 그런데 불행하게도 그들은 상어를 만나고 말았다. 그들은 곧바로 구조 신호를 보냈지만 그들과 가장 가까운 큰 상선과의 거리는 1km 정도로 애초에 제시간에 도착하기가 어려웠다. 상어는 꼬리로 연인이 탄 카누를 툭툭 건드렸고, 금방이라도 카누를 뒤집고 그들을 잡아먹을 것 같았다. 그때 남자가 갑자기 여자를 바다로 밀어버리고는 비수를 꺼내 들어 여자를 가리키며 말했다.

"미안해, 우리 둘 중에 한 명만 살 수 있어!"

그러고는 빠르게 노를 저어 도망쳤다.

바다에 남겨진 여자는 절망에 빠져 눈앞이 캄캄해졌다. 이렇게 약삭빠르고 자기밖에 모르는 남자를 만났다니! 하지만 그를 원망해봤자 아무런 소용이 없었다. 그녀는 그저 눈을 감고 묵묵히 죽기를 기다릴 수밖에 없었다. 여자는 상어가 자신을 향해 헤엄쳐 오는 것을 느꼈지만 꽤 많은 시간이 지난 것 같은데도 상어가 자신을 무는 것을 느끼지 못했다. 이때 풍덩 소리가 났고, 여자는 슬며시 눈을 떴다. 그리고 상어가 카누 위에 앉은 남자를 물속으로 끌어내려 무자비하게 물어뜯는 모습을 목격했다.

상어가 남자를 다 먹어치웠을 때쯤, 다행히도 큰 상선이 도착해 여자를 구해주었다. 배에 오른 여자는 선장이 바다를 보며 울고 있는 것을 발견하였다. 게다가 선장은 여자에게 어떻게 조금도 슬퍼하지 않냐고, 왜 그렇게 모지냐고 묻기도 했다. 멍해진 여자는 선장이 무슨 말을 하는지 알 수가 없었다. 그래서 선장에게 왜 우는지를 물었다. 선장에게 그 이유를 들은 여자는 너무나도 슬퍼 엎드려 통곡하고 말았다. 선장이 무슨 말을 했을지 예상해보자.

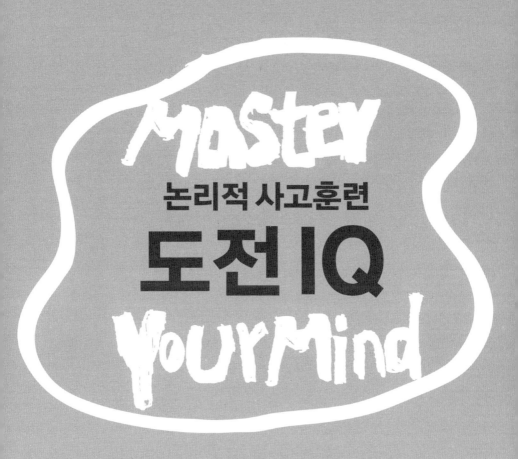

part 6.
난센스 퀴즈

수학 난센스 퀴즈

1. 삼형제가 320g의 파인애플 통조림 한 통을 나눠 먹으려고 한다. 공평하게 3등분하는 것이 어려워 두 형이 각각 100g씩 먹고, 남은 120g은 모두 막내 동생에게 주었다. 하지만 파인애플을 먹으려던 막내 동생이 갑자기 화를 냈다. 왜 그런 것일까?

2. 어떤 책이 한 권 있었다. 그 책을 두 형제가 모두 사고 싶어 했지만 형이 그 책을 사려면 5천 원이 모자랐고, 동생이 사려면 100원이 모자랐으며, 두 사람의 돈을 합쳐도 한 권을 살 수 없었다. 그렇다면 이 책의 가격은 얼마일까?

087 동물에 관한 퀴즈

1. 만약 동물원에 불이 난다면, 가장 먼저 도망쳐 나올 동물은 어떤 동물일까?

2. 병아리 떼가 채소밭 이곳저곳을 쏘다니고 있다. 이 병아리들은 누구의 병아리들일까?

3. 치타가 베이징에서 상하이까지 가려면 어느 길이 가장 빠를까?

4. 기러기가 겨울을 보내기 위해 남쪽까지 날아가는 이유는?

5. 원숭이는 1분에 옥수수 1개를 다 먹을 수 있다. 그렇다면 원숭이는 과수원에서 5분 안에 몇 개의 옥수수를 먹을 수 있을까?

6. 선생님이 지렁이는 몸이 두 동강이 나도 다시 살 수 있다고 하셨다. 하지만 샤오둥이 선생님 말씀대로 했는데도 지렁이는 죽어버렸다. 왜일까?

7. 세균보다 더 작은 것은?

088 오늘은 무슨 요일일까?

숲속에 노인과 아이 두 사람이 살고 있었다. 노인은 매주 월, 화, 수에 거짓말을 하고, 아이는 매주 목, 금, 토에 거짓말을 하며 다른 날에는 모두 진실만을 말한다.

하루는 샤오밍이 그 숲에 들어갔다가 길을 잃었는데 마침 노인과 아이를 만나게 되었다. 샤오밍은 그들이 거짓말을 하는 요일을 알고 있었다. 그는 길을 물어보려면 오늘이 무슨 요일인지를 먼저 알아야 한다고 생각했다. 만약 오늘이 월, 화, 수 중 하루라면 노인에게 길을 묻지 말아야 하고, 목, 금, 토 중 하루라면 아이에게 길을 묻지 말아야 하며, 일요일이라면 누구에게 물어도 상관이 없을 것이기 때문이다.

샤오밍이 그들에게 질문을 하자, 그들은 모두 이렇게 대답했다.

"어제는 제가 거짓말을 하는 날이었습니다."

그렇다면 오늘은 무슨 요일일까?

089 오랑우탄의 죽음

사냥꾼이 숲속에서 사냥을 하고 있었다. 그는 몸에 칼 3개만을 지니고 있었다. 세상에 어떤 동물도 그의 칼을 3번 맞고 죽지 않을 수 없다고 굳게 믿었기 때문이다.

그는 숲속을 걷다 식인 오랑우탄과 만나게 되었다. 오랑우탄이 가슴을 치며 그에게 바싹 다가오는 것을 보고 그는 첫 번째 칼을 던졌지만, 오랑우탄은 왼손으로 날아오는 칼을 잡아버렸다. 그는 다시 두 번째 칼을 던졌고 뜻밖에도 오랑우탄은 오른손으로 또 칼을 잡아버렸다. 결국 그는 마지막 세 번째 칼을 던졌다. 순식간에 거센 비바람이 몰아쳤다. 젠장! 그 끔찍한 괴물은 마지막 칼마저도 입으로 물어버렸고, 용감한 사냥꾼은 절망하고 말았다.

무시무시한 오랑우탄은 의기양양하게 큰 소리로 울부짖었다. 하지만 결국 오랑우탄이 죽고 말았다. 왜일까?

090 샤오밍은 왜 과제를 하지 않을까?

선생님께서 학생들에게 글쓰기 과제를 내주셨다. 글쓰기 주제는 "만약 내가 사장님이라면?"이었다. 대부분의 학생은 곧장 고개를 숙이고 글을 쓰기 시작했지만 한 남학생만 의자에 기대어 꿈쩍도 하지 않았다. 선생님은 그 학생에게 왜 글을 쓰지 않는지 물었고, 그 학생은 웃지도 울지도 못할 대답을 내놓았다.

091 시각장애인은 어떻게 위험을 피했을까?

　아무런 조명등도 켜지 않은 트럭이 시커먼 도로 위를 빠르게 달리고 있었다. 밖은 비까지 오고 있었고, 번개도 달빛도 가로등도 없었다. 이때 검정색 옷을 입은 한 시각장애인이 도로를 횡단하고 있었다. 이 위험천만한 순간, 트럭기사는 다급히 차를 세워 끔찍한 사고가 일어나는 것을 피할 수 있었다. 그는 어떻게 그럴 수 있었을까?

　당신의 키와 같은 높이의 큰 거울 2개를 평행하게 세로로 세우고 그 사이에 옷을 다 벗고 서면 거울에는 많은 사람이 줄을 선 것 같은 모습이 비춰진다. 그렇다면 전후좌우, 위아래에 어떤 틈도 남기지 않고 모두 거울로 채운 방을 만들고, 거울 면이 방 안을 비추게 한 뒤 옷을 모두 벗은 사람이 그 안에 들어간다면 어떤 모습을 볼 수 있을까?

093 누가 누구보다 느릴까?

　두 사람이 누구의 자전거가 더 빠른지 자전거 시합을 하기로 했다. 시합은 평평하고 넓은 운동장에서 진행하기로 하였다. 하지만 시합이 시작되자 두 사람 중 누구도 앞으로 치고 나가지 않고 오히려 자전거를 천천히 탔다. 그들은 서로에게 양보할 이유가 없고 외부적인 요인도 그들을 방해하지 않았다. 즉, 모든 것이 정상인데 그들은 왜 이러는 걸까?

094 누가 내는 소리일까?

　지구의 종말이 다가오고 지구에 남은 마지막 남자가 책상 앞에 앉아 유서를 쓰고 있었다. 그런데 갑자기 문을 두드리는 소리가 났다. 유령? 외계인? 동물? 그런 것은 아니었다. 바람이나 돌멩이 같은 무생물이 낸 소리는 더더욱 아니었다. 그렇다면 그 소리는 누가 낸 소리일까?

095 개는 어떻게 뼈다귀를 먹었을까?

　어느 날, 라오리는 개 한 마리와 뼈다귀 한 바구니를 샀다. 그는 휴식을 취하러 가기 전에 개를 길가의 나무에 5m의 줄로 묶어두었고, 뼈다귀는 개에게서 8m 떨어진 곳에 두었다. 하지만 잠시 후 그는 개가 뼈다귀를 물어간 것을 발견하였다. 어떻게 된 일일까?

096 명사수의 비밀

　분명히 명사수가 아닌 어떤 사람이 손으로 엽총을 받치고 있다. 다른 한 사람이 모자를 하나 걸어둔 뒤, 총을 든 사람의 눈을 가리고 뒤로 열 걸음, 왼쪽으로 돌아 열 걸음을 가게 하고 나서 몸을 돌려 모자를 맞추게 하였는데, 그가 한 방에 모자를 명중했다. 이게 어떻게 된 일일까?

097 이미 늦은 도둑들

"아천, 멍하니 있지 말고 빨리 값나가는 물건 좀 찾아봐."

라오따슝은 부하인 아천에게 지시를 내렸다. 집 안을 꾸며놓은 것을 보니 신혼부부의 집이 틀림없었고, 귀중한 물건들이 있을 가능성이 높았다. 잠시 후, 아천이 물었다.

"만약 주인이 돌아오면 어떡하죠?"

"입방정 좀 그만 떨어! 긴장하지 마. 그 사람들은 절대 그렇게 빨리 돌아오지 않아. 그 사람들이 여행 가방을 메고 나갔거든. 단기간 안에는 돌아오지 않을 테니 걱정 말고 빨리 움직여. 이번 일만 잘 끝내면 우리는 이제 편하게 먹고살 수 있다고!"

라오따슝은 이런 일에서는 베테랑이어서 아주 침착하고 냉정하게 움직이고 있었다. 좋은 물건을 아주 빠르게 찾아냈고, 곧바로 가방에 담았다.

"아, 배고프다. 우리 주방에서 맛있는 것 좀 찾아보자."

라오따슝은 값나가는 물건을 싹쓸이한 뒤 아천에게 말했다.

주방에 도착한 그는 냉장고에서 맛있는 음식을 많이 발견했다. 하지만 그는 갑자기 무언가를 주시했고, 순식간에 도망쳐야겠다고 생각했다. 하지만 이미 때는 늦어버렸다. 신혼부부는 이미 돌아왔고 집에 도둑이 든 것을 알고 곧바로 신고했기 때문이다. 결국 경찰에 붙잡힌 두 사람은 법의 처벌을 받게 되었다. 라오따슝이 본 것은 무엇이었을까?

098 글이 없는 차용증

　어느 날, 옛 친구가 갑자기 프랜시스를 찾아왔다. 친구는 프랜시스에게 별별 친한 척을 다 해댔고, 알고 보니 10만 달러를 빌리러 온 것이었다. 금액이 너무 크다고 생각했던 프랜시스는 친구에게 차용증을 써달라고 말했다. 친구는 시원시원하게 차용증을 써주며 두 달 뒤에 돈을 갚겠다고 말했다. 그 후, 차용증을 들고 친구를 찾아가 돈을 요구하던 프랜시스는 멍해지고 말았다. 차용증이 빈 종이였던 것이다.

　친구는 프랜시스에게 백지로 자신을 속이려 하다니 귀신에 홀린 것 아니냐며 비웃었다. 프랜시스는 너무 화가 나 어찌할 바를 몰랐고 경찰인 행크에게 시비를 가려줄 것을 요청했다.

　행크가 프랜시스에게 물었다.

　"그에게 돈을 빌려줄 때 그 자리에 다른 사람은 없었어? 있다면 그 사람을 찾아 증명해달라고 하면 되잖아."

　"없었어. 그때 그 방에는 우리 두 사람뿐이었어. 그 친구가 이렇게 할 줄 누가 알았겠어."

　프랜시스가 풀이 죽어 말했다.

　"프랜시스, 그럼 이렇게 하자. 나는 너의 인성을 믿어. 내가 이 종이를 가지고 화학 실험실에 가서 검사해볼게. 만약 종이에 뭔가를 한 것이라면, 문제를 해결할 수 있을 거야."

　행크는 그를 위로하며 말했다.

　행크가 화학 실험을 진행하는 에이미에게 이 일의 자초지종을 말하자, 그녀는 그 자리에서 바로 결론을 내려주었다.

"실험할 필요 없어요. 이것은 사기꾼들이 자주 쓰는 속임수예요."

에이미가 말한 '사기꾼들이 자주 쓰는 속임수'란 무엇일까?

099 볏짚 부스러기가 잔뜩 묻은 시체

농부 버턴과 거지 로빈훗 두 사람은 원래 아무런 접점이 없는 사이였지만, 어떤 사건 때문에 함께 엮이게 되었다. 버턴이 볏짚을 옮기다가 길 가던 로빈훗을 쳤고, 이 일 때문에 둘 사이에 불쾌한 감정이 싹튼 것이다.

많은 사람이 이 일을 목격하였기에 마을 밖 숲속에서 로빈훗의 시체가 발견되었을 때, 사람들은 모두 의심스러운 눈초리로 버턴을 바라보았다. 그도 그럴 것이 버턴은 그 마을에서 아주 속이 좁고 작은 원한이라도 꼭 복수하기로 유명했기 때문이다.

버턴은 경찰을 보자마자 자신이 한 일이 아니라고 큰 소리로 말했다. 자신이 그렇게 대단한 사람도 아니고, 자신을 위해서 생각해 보면 거지 한 명을 죽여서 이득 보는 것이 없다고 말이다. 경찰은 로빈훗의 머리카락과 귓속에서 볏짚 부스러기를 찾아냈다고 말했다. 버턴은 로빈훗이 거지라 평소 자주 볏짚 더미에서 잠을 잤으니 몸에 볏짚 부스러기가 있는 것은 당연하다고 반박했다. 마을 주민들도 로빈훗이 평소 흐트러진 머리에 꾀죄죄한 얼굴이었으며, 머리카락에 늘 볏짚 부스러기가 붙어 있었음을 증언해주었다.

더 강력한 증거가 없는 한 버턴을 무죄로 판결할 수밖에 없는데, 당신이 경찰이라면 이 일을 어떻게 해결해야 할까?

100 망가진 엔진

　어떤 여행사에서 '해적 여행'이라는 상품을 개발했다. 돛이 달린 모터보트를 타고 해적의 흔적을 따라 헤브리디스 제도와 주변 섬들을 여행하고 마지막으로 해적 소굴인 몰레섬에 도착해 그들의 '범행 과정'을 체험해보는 것이었다.

　9월의 어느 날, 단체 여행객이 배를 타고 출발했다. 배에는 남자 4명과 여자 4명, 총 8명의 여행객이 있었고, 여자 4명은 모두 50세 이상이었으며, 남자들은 28세의 엔지니어 루이스, 46세의 슈퍼 주인 드로스, 25세의 약국 주인 체스터, 35세의 화가 잡이었다. 그중 잡은 왼쪽 다리를 절었다.

　오후 3시 30분에 배가 해안에 도착했고 8명의 여행객들은 무인도 속 관목 숲과 사람 키만큼 자란 잡초에 둘러싸인 좁은 길로 들어갔다.

　"루이스 씨, 이것 좀 봐요. 이런 무인도에 이런 식물이 자라고 있을지 정말 몰랐네요."

　여자 여행객 마가릿이 잡초처럼 생긴 식물을 뽑아 루이스에게 보여줬다.

　"그게 무슨 식물인데요?"

　루이스가 물었다.

　"그러게요. 모양이 참 특이해 보이네요."

　체스터도 다가와 장단을 맞췄다.

　"두 사람 다 이게 뭔지 몰라요?"

마가릿이 물었다.

두 사람은 고개를 끄덕였다.

"이건 맥문동이라고 하는 거예요. 뿌리가 약재로 사용되죠. 정력에 좋고 체액 분비를 촉진시키며 마음을 편안하게 만들어서 스트레스 해소에 좋답니다."

마가릿이 설명했다.

사람들은 함께 웃고 떠들면서 금방 버려진 옛 성에 다다랐다.

"신사 숙녀 여러분, 우리는 예전에 해적이 살았던 유레카 성에 도착했습니다. 해적의 영혼들이 이곳에서 여러분을 맞이해줄 것입니다. 모두 들어가서 구경하시면 됩니다. 지금이 3시 45분이니 4시에 이곳에 모이시면 됩니다."

선장은 여행객들을 성안으로 들여보낸 뒤 선원들과 함께 성과 50m 정도 떨어진 통나무집에서 휴식을 취했다. 3시 52분, 선장과 선원들이 막 나가려는 찰나 집 밖으로 지나가는 사람의 그림자가 보였다. 여행객을 제외한 사람이 있을 리 없기에 선장 일행이 그 뒤를 쫓아갔지만 그 사람은 이미 사라지고 난 후였다.

선장은 그 그림자가 몹시 궁금했지만 그저 집합 장소로 돌아올 수밖에 없었다. 그들이 유레카 성으로 돌아온 시각은 4시였고, 여행객들은 이미 성 앞에 모여 있었다.

4시 15분, 선장과 여행객들은 모두 배에 올라 돌아갈 준비를 했다. 하지만 얼마 지나지 않아 누군가가 급유관을 끊어놨다는 사실

을 알게 되었다. 선장은 분명 누군가가 음모를 꾸민 것이 분명하다
고 생각했다. 과연 누가 그런 것일까?

칼에 베인 상처로 범인을 찾아라

경비원 안토노브가 살해된 채 발견되었다. 경찰이 빠르게 현장에 도착했고, 원한에 의한 살해로 추정했다.

시체는 얼굴이 땅을 향한 채 땅바닥에 엎드려 있었다. 얼굴에 묻어 있던 모래로 미루어, 안토노브는 먼저 칼에 찔려서 움직임에 제한이 생기고 난 뒤 몸이 굳은 상태로 바닥에 넘어진 것으로 보였다. 이 190cm의 거구의 남자 몸에는 단 하나의 상처가 있었는데, 이것이 치명상이었다. 좁고 긴 비수로 뒷목에서부터 아래로 들어가 쇄골 아래 동맥을 뚫고 폐까지 찌른 상처였다. 상처가 매우 깊어서 안토노브가 살해될 때 아주 고통스러웠을 것임을 알 수 있었다. 또한 상처의 외관으로 볼 때, 비수로 단순히 찌르기만 한 것이 아니라 아래로 힘을 주어 자르려고 한 것처럼 상처의 입구가 비수의 넓이보다 넓었다.

안토노브에 대한 조사를 통해 경찰은 마을의 건달들을 용의자로 특정할 수 있었다. 늘 자신의 직무에 충실했던 그가 며칠 전 3명의 건달을 혼쭐낸 일이 있었기 때문이다. 분명 그들은 안토노브의 죽음과 큰 관련이 있어 보였다. 하지만 세 사람은 끝까지 죄를 부인했다. 재미있는 점은, 그들 중 170cm로 제일 키가 작은 사람이 세 사람 중에서 대장인 것처럼 보였다는 것이다. 키가 큰 다른 두 사람은 늘 눈을 아래로 깔고 명령에 따르는 모습이었다.

경찰의 매서운 심문 끝에 두 명의 부하 중 피부색이 비교적 어두운 한 사람이 대장의 지시로 자신이 안토노브를 죽였다고 시인

했다.

하지만 경찰은 키가 거의 2m에 달하는 두 사람을 보고는 그들은 범인이 아니라고 말했다.

경찰은 왜 이렇게 말했을까?

102 도망친 강도를 침착하게 총살하다

경찰이 도망친 강도를 해변까지 쫓아갔다. 하지만 그들은 곧 난관에 부딪혔다. 사스는 해안도시라 얼마 가지 않으면 공해(公海)가 나오기 때문이다. 도슨 경장과 두 명의 경찰은 그 당시 신고를 받고 바로 출발해 달려오는 바람에 총을 소지하고 있지 않았다. 만약 범인이 공해로 도망친다면 그다음부터는 아무것도 할 수 없는 상황이었다.

도슨 경장은 범인을 쫓는 동시에 헬기 지원을 요청했다. 그들이 해변에 도착했을 때, 이미 강도는 모터보트를 타고 어느 정도의 거리를 도망친 후였다. 두 경찰 역시 재빨리 모터보트를 구해 전속력으로 뒤를 쫓았다. 경찰의 보트가 훨씬 빨라서 금방이라도 강도를 따라잡을 것 같았지만 공해가 얼마 남지 않은 상황이었다. 그를 포위해서 공격하기엔 이미 늦은 것이다. 총을 쏴 사살하는 수밖에 방법이 없었지만 두 사람에겐 총이 없었다.

이때 경장이 타고 온 헬기가 현장에 도착했다. 현장 상황을 확인한 경장은 대담한 결정을 내렸다. 헬기에서 범인의 보트를 격침하는 것이었다. 하지만 이미 날이 어두워졌고, 두 보트는 나란히 주행하고 있었기 때문에 어느 보트가 경찰 보트고, 강도 보트인지 도저히 알 수가 없었다. 하지만 현명한 경장은 결국 강도의 보트를 찾아 격침했다. 그는 어떻게 배를 구분할 수 있었을까?

103 야영 화재 사건

　날씨가 아주 맑았던 초봄의 어느 날, 안드레는 팀원들과 함께 야외에서 야영을 하기로 했다. 하지만 그때의 그는 이번 야영에서 큰 산불을 만나게 될 것임을 전혀 알지 못했다. 이번 산불은 불길이 너무 세서 1박 2일이 지나고 나서야 모든 불길을 잡을 수 있었다. 그 후, 안드레는 산림 경찰서로 보내졌다. 경찰은 그가 이번 산불과 관련이 있다고 의심하고 있었다. 최근 이틀간 입산한 사람들의 명단에서 그의 이름이 눈에 띄었기 때문이다. 사실 산속에 작은 강이 흐르지 않았다면 소방대원들은 이렇게 빨리 산불을 잡을 수 없었을 것이었다.

　이에 따라 방화범을 잡는 일이 경찰에게 가장 시급한 임무가 되었다. 경찰은 곧바로 안드레를 고발했지만 그는 이를 부인했다. 그는 산에 야영을 하러 갔다가 팀원들과 헤어졌을 뿐 불을 내지 않았다고 말했다. 그는 자신의 결백함을 증명하기 위해 자발적으로 몸수색을 받겠다고 말했다. 또한 산림 보호원에 의해 현장에서 급작스럽게 체포되었기 때문에 자신에게 불을 낼 만한 도구가 있었다고 해도 그것을 버릴 시간이 없었고, 무언가를 버렸다고 해도 분명 발견되었을 것이라고 말했다. 실제로 그는 물주전자를 제외하고는 투명한 우비밖에는 가진 것이 없었다.

　그의 몸에 불을 낼 만한 도구가 없었기 때문에, 안드레는 자신이 곧 풀려날 것이라고 믿었다. 하지만 경찰은 결국 그가 이 화재 사건과 직접적인 관련이 있다는 증거를 찾아냈다.

안드레가 방화범인 이유는 무엇일까? 경찰이 제시한 증거는 무엇이었을까?

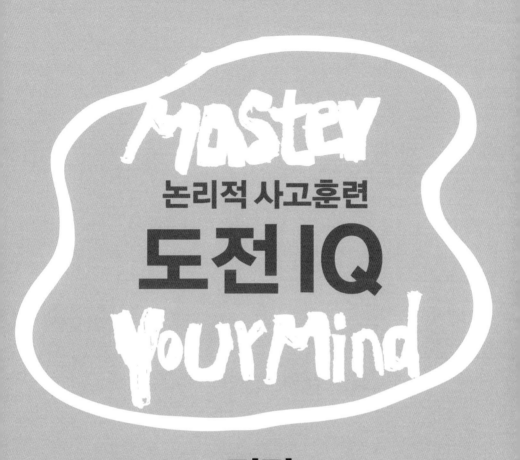

논리적 사고훈련

도전 IQ

정답

001　똑똑한 쥐

　이 문제는 사실 답이 아주 간단하다. 왜냐하면 이 문제에는 두 가지 중요한 조건이 있기 때문이다. 첫 번째 조건은 이 쥐가 자신이 한 번 갔던 길은 절대 다시 가지 않는다는 것이고, 두 번째 조건은 그림 속에 어디가 입구이고 어디가 출구인지가 이미 정해져 있다는 것이다. 입구인 1번과 연결된 통로는 7번과 10번으로 가는 두 가지 길뿐이다. 그렇다면 답이 아닌 것을 제외하는 방법을 사용해볼 수 있다. 먼저, 10번으로 가는 길을 선택했다면 이내 출구를 찾을 수 없거나 몇 군데를 미처 들르지 못하게 된다는 것을 알 수 있다. 그래서 7번으로 가는 수밖에 없다. 이렇게 하다 보면 어렵지 않게 정답을 찾아낼 수 있다.

　$1 \rightarrow 7 \rightarrow 9 \rightarrow 2 \rightarrow 8 \rightarrow 10 \rightarrow 3 \rightarrow 5 \rightarrow 11 \rightarrow 4 \rightarrow 6 \rightarrow 12$

002　앞으로 전진

　이 문제에서 꼭 명심해야 할 것은 바로 화살표가 가리키는 방향으로만 갈 수 있다는 것이다.

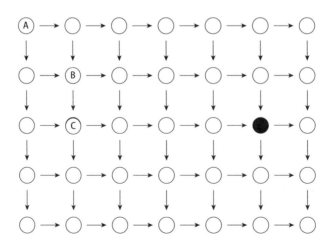

A에서 출발해 B에 도착할 때, A와 B는 하나의 대각선 위에 있기 때문에 B로 가는 두 가지 길은 하나의 정사각형을 만든다. 같은 원리로, 그림에서 A와 C 사이에 두 개의 정사각형이 있기 때문에 원래는 C로 가는 방법이 4가지이지만 그 중 한 방법은 화살표 방향과 반대되는 길이므로 제외하면 총 3가지의 방법이 남는다. 이런 방식으로 유추해보면 어렵지 않게 답을 찾을 수 있다.

003 칸 건너뛰기

이 문제에서는 3가지를 주의해야 한다. 대각선으로 전진하거나 전진하는 도중에 방향을 꺾어서는 안 되며 ●칸을 넘어가서도 안 된다. 따라서 ② 주위에 있는 8가지의 숫자 중 대각선 방향을 제외하면 0, 1, 1, 2가 남는다. 그리고 칸 안의 숫자만큼 이동해야 한다는 점에 맞춰 이동하다 보면 아래 그림과 같은 결과가 나온다.

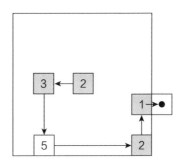

004 반드시 지나가야 하는 길

문제에서 홀수의 마을을 방문해야 한다고 했으므로, 중간의 직선 도로는 절대 아닐 것이다. 그 길에는 총 8개, 즉 짝수의 마을이 있기 때문이다. 그렇다면 우리는 이 길에서 경로를 더 확장하여 홀수의 마을을 방문할 수 있는 길을 생각하면 된다. 그리고 답이 아닌 것을 제외하는 방법을 이용하면 금방 어떤 길인지 알 수 있다.

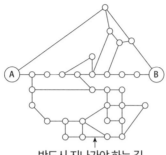

반드시 지나가야 하는 길

005 다이아몬드 게임

이 문제에서 ①, ②, ③의 말판 모양에서 정중앙에 하나의 말만 남기려면 문제의 요구에 따라 원래 자리의 말을 이동하고 다른 자리의 말로 그 자리를 메꾸는 식으로 진행하면 된다.

① 10 → 8, 24 → 10, 11 → 9, 8 → 10, 5 → 17.

② 18 → 20, 16 → 18, 29 → 17 → 19, 5 → 17, 20 → 18 → 16, 15 → 17.

③ 10 → 8, 1 → 9, 16 → 4, 3 → 1 → 9, 8 → 10, 5 → 17 → 19, 6 → 18, 19 → 17.

006 출구 퀴즈

이 문제에서는 A, B, C, D호실의 사람들이 각각 지나는 길이 겹치지 않아야 하므로 그들이 모두 평행선을 유지하게 하면 된다.

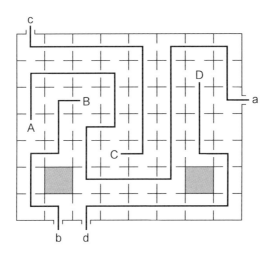

007 파리의 발자국

이 문제에서는 파리가 어디서부터 기어가기 시작했고 어디에 도착했는지 정해져 있지 않아 난도가 쉬워졌다. 그러므로 그림 속 중앙에 보이는 직사각형의 왼쪽 아래 꼭짓점에서 시작해 위로 뻗어 있는 옆변을 따라 올라가다가 다시 옆변 → 밑변 → 옆변 → 옆변 → 밑변 → 밑변 → 옆변 → 옆변 → 밑변 → 옆변 → 옆변의 순서로 지나면 된다.

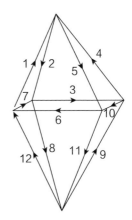

이 문제에서는 꿀벌이 방향을 몇 번 바꾸는지 물으면서, 꿀벌이 앞으로만 날 수 있고 직각으로만 방향을 바꿀 수 있으며 모든 꽃을 지나가야 한다는 점을 알려주었다. 또한 이 그림은 8x8 방진을 이루고 있으므로 답은 16번이 된다.

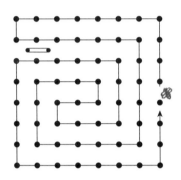

009 경찰의 순찰

출발점이 정해져 있고, 짝수 번째 집에서 코너를 돌지 않는다는 것도 알았으니 아주 쉽게 답을 알 수 있다. 정답은 아래 그림과 같다.

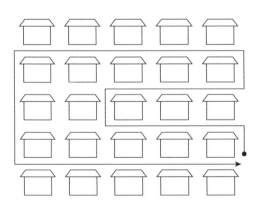

010 얼룩말과 함께하는 탐험

정답은 아래 그림과 같다.

011 검은 점 퀴즈

이 문제를 푸는 핵심은 그림에서 주어진 모양에 국한되어 생각하지 않아야 한다는 것이다. 그림 속 12개의 점을 많은 사람이 직사각형이라고 생각하기 때문에 이 점들로 만드는 닫힌 도형도 직사각형이 아닐까 생각하게 마련이다. 하지만 그렇지 않다. 고정적인 사고의 한계를 뛰어넘어야 답을 찾을 수 있다. 필

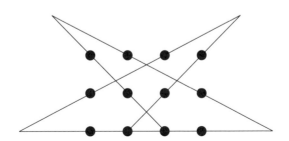

요한 최소 선분은 5개이다.

순찰원이 만약 B역에서 시작한다면, 아래 경로를 이용했을 때 19마일만 이
동하면 된다. 'B A D G D E F I F C B E H K L I H G J K'이 경로를 이용하면 두
번 지나가는 부분은 D에서 G, F에서 I가 된다. 물론 이와 다른 경로를 이용할 수
도 있겠지만 이보다 더 짧은 경로는 없다.

아래 그림과 같이 직사각형 케이스가 그려진 종이를 원통 모양으로 만든 뒤,
통을 빙 둘러 직선을 그으면 된다.

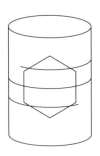

<u>014</u> 교차되지 않는 선

이 문제에서는 두 가지 조건을 맞춰야 한다. 하나는 선들이 서로 교차되지 않아야 한다는 것이고, 또 하나는 두 숫자의 합이 10이 되어야 한다는 것이다. 아래 그림과 같이 1-9, 2-8, 3-7, 4-6, 5-5로 연결할 수 있다.

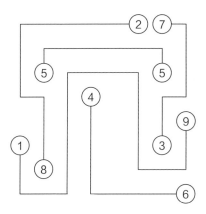

<u>015</u> 철로 퀴즈

딱 9번만 움직이면 된다. 다음과 같이 차량을 이동하면 된다. 9 → 10, 6 → 9, 5 → 6, 2 → 5, 1 → 2, 7 → 1, 8 → 7, 9 → 8, 10 → 9. 이렇게 하면 3개의 원과 3개의 직선 위에 A, B, C 차량이 각각 한 대씩 서 있도록 만들 수 있다. 이 문제를 풀 수 있는 방법 중 이것이 가장 적게 움직이는 방법이다.

<u>016</u> 기사의 노선

강가에 대한 A의 대칭점을 A´라고 하고, 강가와 수직하는 직선 AA´가 강가와 교차하는 점을 C라고 할 때, 직선 AC = 직선 A´C 이다. 직선 A´B가 강가와 교차하는 점을 P라고 할 때, P가 바로 말에게 물을 먹이기에 가장 좋은 지점이다. 직선 PA를 연결하면 두 지점 사이의 최단 거리를 알 수 있다. 직선 PA+직선 PB = 직선 PA´+직선 PB 이므로, 이것이 곧 기사가 선택할 수 있는 가장 짧은 거리인 것이다.

(주의: 그림에서 점 P´를 표시한 것은 △P´A´A가 이등변 삼각형이기 때문에 직선 AC = 직선 A´C라는 것을 쉽게 알 수 있게 하기 위함이다.)

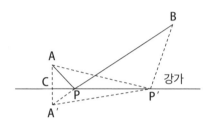

017 12개의 동전

정답은 여러 가지가 나올 수 있다.
12 → 3, 9 → 1, 10 → 2, 11 → 6, 8 → 5, 7 → 4
11 → 2, 9 → 1, 10 → 6, 8 → 5, 7 → 4, 12 → 3

018 자리 바꾸기 퀴즈

다음 알파벳들의 자리를 서로 바꾼다. H-K, H-E, H-C, H-A, I-L, I-F, I-D, K-L, G-J, J-A, F-K, L-E, D-K, E-F, E-D, E-B, B-K. 만약 자리를 서로 바꾸지 않고 칩을 옮기기만 해도 된다면, 얇은 테두리 칩은 11번이면 각각의 위치로 이동할 수 있다. 하지만 두꺼운 테두리 칩은 17번보다 적게 움직여서는 제 위치로 이동할 수 없다. 그래서 두꺼운 테두리 칩이 자리를 잡는 데에 필요한 최소 이동 횟수만큼 얇은 테두리 칩들이 불필요한 이동을 해야 하는 경우가 조금 생긴다. 17번보다 적게 움직여서는 문제를 해결할 수 없다. 물론 이동하는 순서는 서로 바뀔 수 있다.

019 말의 대이동

17번. 병, 졸, 포, 병, 차, 마, 병, 포, 졸, 차, 포, 병, 마, 포, 차, 졸, 병.

020 종이와 옷핀

겉에서 봤을 때 확실히 옷핀에 집혀 있는 종이는 1, 5, 12, 15, 17번이고, 확실히 집혀 있지 않은 종이는 2, 6, 8, 11, 14, 16, 18, 20번이다. 그렇다면 나머지 3, 4, 7, 9, 10, 13, 19번 중에서 집혀 있는 나머지 종이를 찾으면 된다. 종이가 모두 같은 모양이라고 했기 때문에 1번 종이와 같이 모든 종이는 평행사변형이다. 따라서 4번과 9번을 제외할 수 있다. 즉, 옷핀에 집혀 있는 종이는 1, 3, 5, 7, 10, 12, 13, 15, 17, 19번 총 10장이다.

021 원 나누기

정답은 다음 그림과 같다. 문제에서 3개의 원을 이용하여 각각의 물건을 따로 떨어뜨려 놓아야 한다고는 말했으나 원이 서로 겹치지 않아야 한다고 말하지 않았으므로, 다음의 그림처럼 원을 서로 겹치게 놓으면 된다.

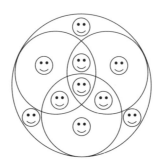

022   그림자 찾기

이 문제는 하나하나 대조해봐야 알 수 있다. A, B, C 3개의 그림은 얼핏 보면 같은 그림처럼 보이지만 사실은 조금씩 차이가 있다. A는 셋 중 머리가 가장 작고, B는 머리 위의 수염이 비교적 길고 아래쪽 수염이 촘촘한 편이다. C는 머리 위 수염이 늘어뜨려져 있는 모양이 나머지와 다르고 그중 하나가 아주 길다. 이에 따라 정답은 A=7, B=2, C=6 이다.

023   설계도 배열

측면도를 찾을 때는 입체도형에서 그림자가 생긴 부분만 보면 쉽게 풀린다. 또한 평면도를 찾을 때는 입체도형에서 비어 있는 부분만 보면 되지만, 여기서 주의할 점은 이것을 평면에 올려놓고 내려다봐야 한다는 점이다. 그래서 정답은 다음과 같다. Ⅰ : 3 / B, Ⅱ : 1 / C, Ⅲ : 2 / A.

024   신기한 상자

상자의 전개도는 정육면체의 전개도다. 이에 따라 검정색 대각선 하나가 그어져 있는 면에 대응하는 면이 검정색 삼각형 하나가 그려진 면임을 알 수 있고, 검정색 사선 2개가 삼각형 모양을 이루고 있는 면에 대응하는 면은 작은 직각 삼각형 2개가 그려진 면임을 알 수 있다. 따라서 정답은 2번이다.

025   말을 길들이는 방법

아래와 같이 홀수의 말을 각각 3개의 울타리에 모으고 큰 울타리 1개로 3개의 울타리를 다시 감싸면 된다.

026   직선 혹은 곡선

책을 자신의 눈과 같은 높이에 놓고 보면, 직선이라는 것을 알 수 있다.

027 바퀴벌레 박멸 대작전

028 신기한 보석 상자

보석 반지가 상자 안에 들어 있는 것처럼 보이게 하려면 그림 속 상자에 실선을 몇 개 그어 속이 보이는 육면체로 바꾸면 된다. 신기하게도 선 몇 개만 그으면 된다. 정답은 아래 그림과 같다.

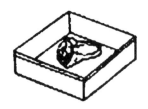

029 잡아당겨 매듭 풀기

3, 4번 줄의 양쪽 끝이 모두 줄의 다른 부분 밑에 깔려 있기 때문에 잡아당기면 매듭이 지어져서 그냥 잡아당겨서는 풀 수 없다. 따라서 정답은 1, 2번이다.

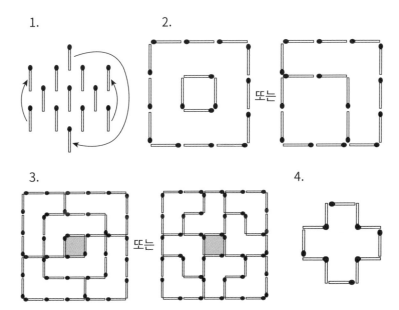

5. a: 5번을 2번 위에, 3번을 7번 위에, 1번을 4번 위에, 8번을 6번 위에 올린다. 다른 방법으로는, 4번을 7번 위에, 6번을 2번 위에, 1번을 3번 위에, 8번을 5번 위에 올릴 수도 있다. 총 4회 이동한다.

b: 5번을 1번 위에, 6번을 1번 위에, 9번을 3번 위에, 10번을 3번 위에, 8번을 14번 위에, 7번을 14번 위에, 4번을 2번 위에, 11번을 2번 위에, 13번을 15번 위에, 12번을 15번 위에 올린다. 총 10회 이동한다.

6.

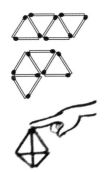

031 적은 누구일까?

이 문제를 풀 때는 같은 것들 중에 다른 것을 찾아내는 방식을 활용해야 한다. 4명 중 3명만 가슴에 '+'모양이 그려져 있기 때문에 1번을 제외할 수 있다. 또한 4명 중 3명만 허리띠가 흰색이기 때문에 4번을 제외할 수 있다. 그리고 4명 중 3명만 방패에 있는 불꽃 그림이 오른쪽 상단에 그려져 있기 때문에 3번을 제외할 수 있다. 따라서 남은 2번이 정답이다.

032 이상한 빵

그림을 보면 알 수 있듯이, 이 빵은 꽈배기와 같은 모양을 하고 있다. 세로로 자르게 되면 아무리 꽈배기 모양이라고 할지라도 두 조각으로만 나눠지기 때문에 조각 수가 가장 적다. 그렇다면 빵을 가로로 자를 수밖에 없다. 꽈배기가 꼬여 있는 부분을 따라 가로로 자르면 최대한 많은 조각으로 나눌 수 있다.

033 땅 부자의 유언

이 문제에서는 다른 사람의 땅을 지나가지 않으면서 그림 속 모눈을 따라 이동해야 하고 이 땅을 정확하게 4등분해야 하므로, 다음 그림과 같이 불규칙한 막대기 모양이 나올 수밖에 없다.

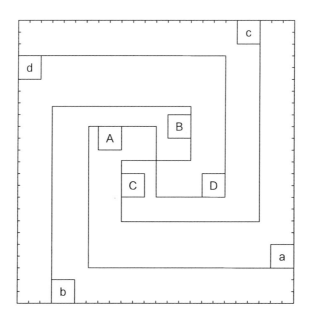

034 땅을 어떻게 나눠야 할까?

이 문제에서 주어진 도형은 불규칙한 도형이긴 하지만 양쪽이 대칭인 도형이기 때문에 대칭축을 중심으로 도형을 반으로 나누면, 서로 대칭인 2개의 직각 사다리꼴이 나온다. 큰 직각 사다리꼴 1개에는 2개의 직각이 있기 때문에 이를 나눠서 작은 직각 사다리꼴로 만드는 것은 아주 쉽다. 따라서 아래 그림과 같은 모양이 나온다.

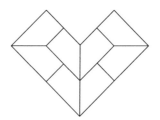

035 원 속 합계 구하기

0~5까지 숫자 중 10을 만들 수 있는 조합은 0+2+3+5, 0+1+4+5, 2+3+5, 5+1+4, 4+3+2+1이다. 이 중에서 '하나의 큰 원 위에 있는 숫자의 합이 10'이라는 조건에 맞춰보면 아래 그림과 같은 결과가 나온다.

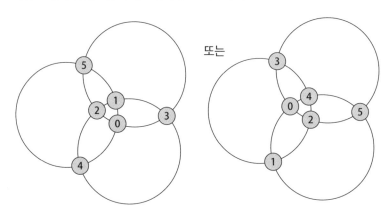

036 투시 그림

이 화분을 뒤에서 바라보는 것이기 때문에 화분 속 꽃과 잎은 모두 좌우가 바뀌어야 하고, 꽃잎도 좌우가 바뀌어야 한다. 또한 정면에서 볼 수 있는 서로 엇갈린 잎들은 뒤에서는 볼 수가 없다. 따라서 4번이 정답이다.

037 게으른 시멘트공

이 문제는 우리가 흔히 즐기는 퍼즐놀이와 비슷하다. 타일 1은 아랫부분을 모두 채울 수 있고, 타일 4는 360° 뒤집으면 정확하게 윗부분을 채울 수 있다.

그래서 정답은 1과 4이다.

038 조각난 바둑판

퍼즐놀이를 할 때의 관건은 각 부분의 특이한 점과 다른 부분과 이어지는 부분에 어떤 차이점이 있는지를 알아내는 것이다. 보통은 가장자리에서부터 맞춰야 비교적 쉽게 맞출 수 있다. 정답은 아래 그림과 같다.

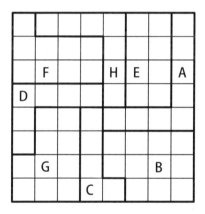

039 분해된 주사위

주사위의 각 면에는 같은 도형이 2개씩 있는데, 그중 2개의 삼각형, 원과 별 모양이 서로 마주보고, 2개의 원과 2개의 별은 서로 이웃한다. 따라서 1, 3, 6번이 정답이다.

도형을 보고 추리해보자

정답은 D이다. 첫 번째 그룹에서 첫 번째 큰 도형은 정사각형, 두 번째는 평행사변형, 세 번째는 원형이다. 두 번째 그룹에서 첫 번째 큰 도형은 원형, 두 번째는 정사각형이기 때문에 세 번째는 평행사변형일 것이라는 것을 유추해낼 수 있다. 자세히 보면 규칙을 찾을 수 있고, 부족한 도형을 유추해낼 수 있는 것이다.

041 틀린 그림 찾기

모자 로고의 방향이 바뀌지 않았다. 나비가 위아래로 뒤집혀 있다. 굴뚝의 연기 방향이 반대로 되어 있다. 베이스의 상하좌우가 바뀌어 있다. 총 4군데가 다르다.

042 그림 전시회

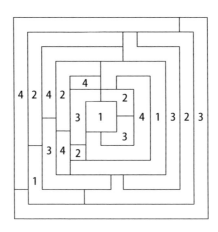

4가지 물감이면 충분하다고 말한 것은 이 정사각형의 분해도를 토대로 봤기 때문이다. 제일 바깥쪽을 둘러싼 모양은 정사각형이고 이것은 두 부분으로 나뉘어 있다. 밖에서 두 번째 정사각형은 네 부분으로 나뉘어 있다. 다만 그중 한 부분이 밖에서 세 번째 층의 정사각형과 서로 이웃하기 때문에 여기는 가장 바깥쪽 정사각형과 이웃한 공간의 색과 다르기만 하면 된다. 다른 것들도 이렇게 유추해낼 수 있다. 따라서 정답은 4가지 색깔이다.

043 쾨니히스베르크의 다리

이 문제는 종이에서 연필을 한 번도 떼지 않고 푸는 그런 유형의 문제가 아니다. 7개의 다리를 모두 지날 수 있는 길을 표시하면 아래 그림 속의 닫힌 도형과 같다. 따라서 이 문제는 한 번 지나간 곳을 다시 지나가지 않으면서 풀 수 없다.

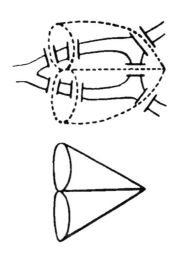

045 당선 퀴즈

5번 말이 차례로 4, 1, 3, 9번 말을 뛰어넘고, 2번이 6번, 7번이 8번, 2번이 7번, 5번이 2번을 뛰어넘으면 마지막에 남는 말은 5번이다. 총 8번 이동한다.

046 서로 닮은 도형은 어떤 것일까?

C. 도형 C의 빗금 친 부분의 선들이 정사각형의 변에 수직하고 있다.

047

한 번에 그리는 그림

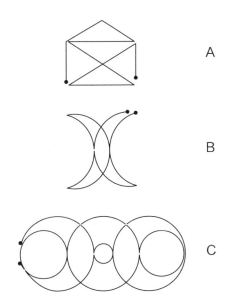

A

B

C

가위손 다강

이 사다리꼴은 직각 사다리꼴이다. 그래서 종이를 잘라 만들 4개의 작은 사다리꼴도 직각 사다리꼴이 되어야 한다. 하지만 원래의 사다리꼴에 직각은 2개뿐이기 때문에 직각을 더 만들어내야 한다. 따라서 정답은 아래 그림과 같다.

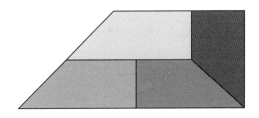

스스로 방향을 바꿀 수 있는 기차

정답은 아래 그림과 같다.

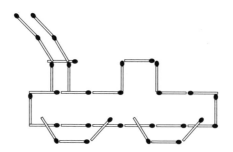

050 몇 개의 태양이 있어야 할까?

5개의 태양. 위 두 개의 그림을 보면 알 수 있듯이, 1개의 태양은 2개의 달과 같다. 또한 첫 번째 그림에서 2개의 구름이 1.5개의 태양이라는 것을 알 수 있다. 따라서 4개의 달과 4개의 구름이 있을 때, 2+3=5이므로 5개의 태양이 있어야 한다.

051 성냥개비 22개의 다양한 변신

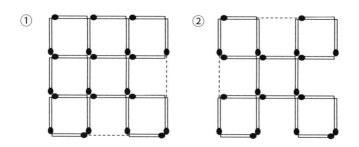

쉽게 설명하기 위해서 (a, b)로 a번째 행의 b번째 열을 나타내기로 하자.

이 퀴즈는 비교적 쉬운 편이다. 예를 들어 (1, 5), (5, 5) 모퉁이에 있는 흰색 점들의 영토는 점이 들어 있는 그 한 칸뿐이고, 왼쪽 상단 모퉁이에 있는 흰색 점의 영토는 4개의 칸으로 이루어진 정사각형이다. 따라서 이와 같이 검정색 점의 영토를 색칠하면 숫자 '4'의 모양이 나타난다.

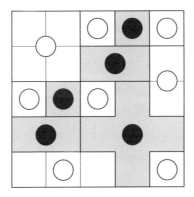

053 예배당 종소리

2분보다 길다. 6시 종이 울릴 때는, 종이 6번 울리므로 종소리 사이에는 5번의 틈이 있고, 12시 종이 울릴 때는, 종이 12번 울리므로 종소리 사이에는 11번의 틈이 있기 때문이다.

054 그들은 만날 운명일까?

그들은 13일째 날 만난다. 이 문제를 풀 때의 관건은 몇째 날에 그들이 동일

한 거리를 갔는지 알아내는 것이다. 샤오밍은 속도가 변하지 않고, 매일 7km를 걷는다. 하지만 샤오강은 하루에 1km씩 걷는 거리가 늘어나서 7일째가 되서야 하루에 7km를 걷게 된다. 7일째 날에는 두 사람이 같은 거리를 걷게 되는 것이다. 8일째 날에도 샤오밍은 여전히 7km를 걷지만 샤오강은 8km를 걷게 되므로 6일째 날에 뒤처졌던 만큼의 거리를 채우게 된다. 이에 따라 9일째 날에는 5일째 날에 부족했던 만큼의 거리를 채우게 된다. 이런 방식으로 유추해보면 그들은 13일째 되는 날에 서로를 만나게 되고, 샤오강이 샤오밍보다 일찍 도착하게 된다는 것을 알 수 있다.

055 숫자 교향곡

①.	②	③	④
111 111 1101	9	1	88
222 222 2202	98	11	888
333 333 3303	987	111	8888
444 444 4404	9876	1111	88888
555 555 5505	98765	11111	888888
666 666 6606	987654	111111	8888888
777 777 7707	9876543	1111111	88888888
888 888 8808	98765432	11111111	888888888
999 999 9909	987654321	111111111	8888888888
		1111111111	

056 난수표

다음 그림과 같이, 범인은 W국의 지하 조직 요원이다.

0	7	8	8	5	6	6	2	2	5	0	8	4	5	3	8	7	7	2	8
0	7	0	8	8	7	2	0	8	3	8	0	8	5	4	7	5	4	8	9
7	9	7	1	0	8	0	5	9	8	3	5	0	8	8	4	4	8	1	
9	8	9	7	1	9	8	8	8	3	3	0	4	3	8	9	8	1	7	2
4	3	9	6	6	9	5	8	9	4	3	2	8	9	3	8	2	9	0	0
6	9	2	6	6	8	4	1	4	0	3	2	4	0	2	5	9	8	3	3

057 난수표 2

① 숫자 6으로 만들어진 V 모양.

② 오른쪽 상단에서부터 왼쪽 하단으로 숫자 9가 아래로 1칸+왼쪽으로 2칸씩 이동.

③ 제일 아랫줄은 모두 홀수이다.

058 조합 퀴즈

9를 거꾸로 돌려 6으로 보면, 아래와 같은 결과가 나온다.

1+4+5+8 = 2+3+6+7   1+4+6+7 = 2+3+5+8

1+3+6+8 = 2+4+5+7   1+2+7+8 = 3+4+5+6

059 주사위의 숫자

첫 번째 주사위는 1, 두 번째 주사위는 5, 세 번째 주사위는 6.

① A = 1 B = 9

②
```
    2 5 [7]
    7 [8] 6
  + [9] 3 1
  ─────────
    1 9 7 4
```

③
```
        8 2 3
    ×     1 [5]
  ───────────────
    [4] [1] 1 5
    8 2 3
  ───────────────
  [1][2][3][4] 5
```

④ A = 1 B = 4 D = 8
   E = 5 F = 7

⑤ S = 9 E = 5 N = 6 D = 7
   M = 1 O = 0 R = 8 Y = 2

⑥
```
                [9][0] 8 [0][9]
    [1][2] ) [1][0][8][9][7][0][8]
              [1][0] 8
            ─────────────
                  [9] 7
                  [9] 6
                ─────────
                    [1][0][8]
                    [1][0][8]
                  ───────────
                          0
```

⑦
```
              [1][0][1][1].[1][0][0][8]
    [6][2][5] ) [6][3][1][9][3][8]
                [6][2][5]
              ───────────
                  [6][9][3]
                  [6][2][5]
                ───────────
                    [6][8][8]
                    [6][2][5]
                  ───────────
                      [6][3][0]
                      [6][2][5]
                    ───────────
                        [5][0][0][0]
                        [5][0][0][0]
                      ─────────────
                              0
```

⑧ A＝6　B＝0　C＝2　D＝9
　　E＝1　G＝7　H＝8　J＝4

⑨ A＝6　C＝2　D＝9　E＝1
　　F＝5　G＝7　I＝3　J＝4

⑩ A＝6　B＝0　C＝2　D＝9
　　E＝1　F＝5　G＝7　I＝3
　　J＝4

⑪ A＝6　B＝0　C＝2　D＝9
　　E＝1　F＝5　G＝7　H＝8
　　I＝3　J＝4

⑫ (a)　　가장 작은 수가 나오는 조합은　　　　가장 큰 수가 나오는 조합은

$$
\begin{array}{r}
889 \\
\times\quad 13 \\
\hline
11557
\end{array}
\qquad\qquad
\begin{array}{r}
889 \\
\times\quad 35 \\
\hline
31115
\end{array}
$$

(b)

$$
\begin{array}{r}
775 \\
\times\quad 33 \\
\hline
2325 \\
2325 \\
\hline
25575
\end{array}
$$

061　수수께끼를 푸는 사람들의 대화

각각 1세, 6세, 6세이다. 3가지 숫자를 모두 곱했을 때 36이 되는 경우는 총 8가지다. 그 중에서 3가지 숫자의 합은 13이 되는 두 가지 경우를 빼면 모두 다르다.

2＋2＋9＝1＋6＋6＝13

B는 첫 번째 단서만으로는 답을 확신할 수가 없었다. 이 말은 곧 그의 집의 방 개수가 마침 13개라는 것을 의미한다. 그 외에 우리는 두 번째 단서를 통해 큰 아이 두 명이 곧 학교에 다니게 될 것이라는 것을 알게 되었다. 이에 따라 2세인 아이가 2명일 수 없다는 것을 알 수 있다.

062

샤오밍은 몇 점을 받았을까?

샤오밍이 첫 번째 시험에서 24문제를 모두 맞혔다면 5×24=120점이므로, 두 번째 시험에서는 30-24=6문제 밖에 맞출 수가 없고, 시험 점수는 8×6-2×(15-6)=30점이다.

이 경우, 두 시험의 점수 차는 120-30=90점으로, 문제에서 두 시험의 점수 차가 10점이라고 했던 것보다 80점이 많다. 이는 첫 번째 시험에서 정답을 맞힌 개수를 너무 많게 설정했다는 뜻으로 그 개수를 줄여야 한다. 첫 번째 시험에서 정답을 맞힌 개수를 하나 줄이면 5+1=6점을 잃게 되고 두 번째 시험에서 정답을 맞힌 개수가 하나 늘어나면서 감점한 2점을 되돌려야 하므로 8+2=10점이 늘어난다. 이렇게 하면 두 시험의 점수 차가 6+10=16점만큼 줄어들게 된다.

(90-10)÷(6+10) = 5문제이므로, 첫 번째 시험에서 정답을 맞힌 개수는 처음 설정한 것(24문제 모두 정답)보다 5문제를 줄여서 19문제를 맞힌 것으로 설정해야 하고, 따라서 두 번째 시험에서 정답을 맞힌 개수는 30-19=11문제가 된다.

첫 번째 시험 점수, 5×19-1×(24-19)=90점.

두 번째 시험 점수, 8×11-2×(15-11)=80점.

정답 : 첫 번째 시험은 90점이고, 두 번째 시험은 80점이다.

063

마방진

⑤

17	24	1	8	15
23	5	7	14	16
4	6	13	20	22
10	12	19	21	3
11	18	25	2	9

⑥

64	2	3	61	60	6	7	57
9	55	54	12	13	51	50	16
17	47	46	20	21	43	42	24
40	26	27	37	36	30	31	33
32	34	35	29	28	38	39	25
41	23	22	44	45	19	18	48
49	15	14	52	53	11	10	56
8	58	59	5	4	62	63	1

064 몇 명이 있는지 맞춰보자

문제에서 주어진 조건을 통해 우리는 많은 사람이 각각 여러 가지 신분을 가지고 있음을 알 수 있다. 즉, 어떤 사람은 딸이면서 손녀일 수 있고, 아들이면서 손자일 수 있다는 것이다. 그들을 중복하여 계산하지 말아야 한다. 이에 따라 삼촌 집에 할머니, 할아버지와 그들의 아들과 며느리, 손자 1명과 손녀 2명이 있음을 알 수 있다.

065 기린의 반점

51개. 구체적인 계산 순서는 다음과 같다.

기린은 4개의 다리와 2개의 눈, 1개의 꼬리, 2개의 귀를 가지고 있다. 이 신체 부위들의 합은 9이다. 정답(기린 몸에 있는 모든 반점의 수)은 3의 배수이면서 4와 9로 나눠떨어지지 않고 각각 나머지가 3과 6이다. 이를 종합해보면, 3으로는 나눠떨어지면서 4와 9로는 나눠떨어지지 않고 9보다 큰 수는 15, 21, 30, 33, 39, 42, 51, 57, …이다. 이 수들 중에 모든 조건에 부합하는 것은 51

이다.

066 신기한 전화

1. 97135472
2. 77514392
3. 1+9+6+2+1+0+8+0=27

전화번호를 어떻게 바꾸든 답은 항상 9의 배수가 나오게 되어 있다. 그림 속 원도 총 9개이므로 어떻게 해도 무조건 ☆ 모양에 돌아오게 되어 있는 것이다.

067 병 속의 물

서로 다른 방법으로 9번이면 성공할 수 있다.

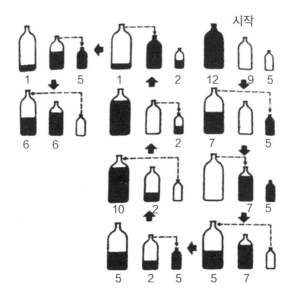

068 신기한 마변다각형

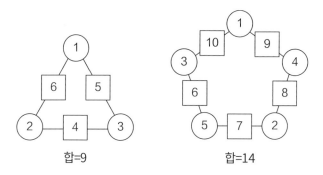

합=9

합=14

069 숫자 게임

　문제에서 새로운 숫자를 쓸 때마다 그 숫자의 상하좌우에 다른 숫자가 있는 경우 그 수를 3배로 늘려 써야 한다고 했으므로, 처음부터 너무 큰 숫자를 써서는 안 될 것이다. 그렇게 되면 그 숫자가 계속 3배씩 늘어나 모든 숫자의 합도 계속 커질 것이기 때문이다. 이에 따라 가장 작은 숫자부터 순서대로 아래 그림과 같이 빈칸을 채워야 상대적으로 가장 적은 합을 구할 수 있다. 가장 적은 합은 171이다.

4	1	5
6	8	7
2	9	3

→

12	27	15
18	24	21
18	9	27

합 = 171

070 술통 퀴즈

마지막에 나온 양을 가지고 거꾸로 계산해보면 된다. A통은 66리터, B통은 30리터이다.

071 몇 개의 사과가 있을까?

정답은 3으로 나눠도 2가 남고, 7로 나눠도 2가 남는 숫자이다. 즉 3×7+2=23이다. 23을 5로 나누면 정확히 3이 남는다. 따라서 바구니에는 최소 23개의 사과가 들어 있다.

072 마법의 숫자

abcabc의 형식을 가진 어떤 6자리의 수는 모두 1000×abc+1×abc, 즉 1001×abc와 같다. 1001=13×7×11이므로 나머지가 있을 수 없다.

073 쌍둥이의 비밀

49×101=4949

38×10101=383838

10101=3×7×13×37

임의의 어떤 두 자리 수 ab에 3, 7, 13, 37을 차례로 곱하면 ababab가 나온다. 73×101×137 = 1010101 이므로 ab에 이 숫자를 곱하면 abababab가 나온다.

074 카드 게임

① 숫자를 아는 샤오훙이 무슨 카드인지 모르겠다고 한 것은 모양과 색을 알 수 없다는 것이므로, 이는 서로 다른 모양과 색을 가진 같은 숫자의 카드가 있다는 뜻이다. 따라서 중복되지 않은 숫자의 카드를 제외할 수 있다. 그래서 이 카드의 숫자는 J, 8, 2, 7, 3, K, 6이 아니라는 것을 알 수 있다. 즉, 하트 A, Q, 4, 크로버 Q, 5, 4, 다이아 5 중 하나다.

② 샤오밍이 샤오훙이 모른다는 것을 알고 있다고 했으므로, 이 카드의 모양과 색에 해당하는 숫자는 모두 다른 모양과 색을 가진 카드의 숫자와 같아야 한다. 한 장이라도 그렇지 않은 카드가 있다면 샤오훙이 모른다는 것을 확신할 수 없기 때문이다. 따라서 이 카드는 하트나 다이아일 것이다.

③ 샤오훙이 샤오밍이 자신이 모른다는 것을 알고 있다는 말을 듣고 바로 어떤 카드인지 알게 되었다고 했으므로, 카드의 숫자는 A일 수 없다.

④ 샤오밍이 샤오훙이 어떤 카드인지 알았다는 말을 듣고 자신도 어떤 카드인지 알았다고 했다. 만약 하트였다면 Q와 4 중에 어떤 카드인지 확신할 수 없지만, 다이아라면 다이아 5라고 확신할 수 있다. 따라서 답은 다이아 5이다.

075 다음 숫자

3, 이 그림 속 숫자는 매시에는 시간만큼, 30분에는 한 번씩 종이 울리는 옛날 괘종시계의 종이 울리는 횟수를 나타낸 것이다.

076 빈칸 채우기 게임

①21, ②36, ③63, ④28, ⑤8, ⑥29, ⑦20, ⑧10, ⑨3, ⑩2, ⑪3, ⑫3, ⑬3, ⑭4

077 무게를 재어보자

먼저 9명을 1팀에 3명씩 3팀으로 나눠 시소에 오르게 한다. 만약 어떤 2팀의 무게가 똑같다면 남은 한 팀에서, 무게가 다르다면 무게가 가벼운 팀에서 다시 임의로 2명을 골라 시소에 오르게 한다. 만약 두 사람의 무게가 똑같다면 남은 한 사람이, 무게가 다르다면 무게가 가벼운 그 사람이 가장 몸무게가 가벼운 사람이다.

078 진짜와 가짜를 구별하기

그곳의 주민에게 "당신은 이곳의 주민인가요?"라고 묻기만 하면 된다. 만약 이곳이 남쪽이라면 그 사람은 분명 "아니요"라고 답할 것이고, 북쪽이라면 분명 "네"라고 답할 것이다.

079 이긴 사람을 찾아라

린 선생님의 딸이다. 가장 많이 이긴 사람은 쌍둥이 오빠와 여동생 중 하나이므로, 쌍둥이 오빠와 여동생은 린 선생님과 그의 여동생일 수도 있고, 린 선생님의 아들과 딸일 수도 있다. 가장 많이 이긴 사람의 나이가 가장 어리다고 했으므로, 린 선생님과 그의 여동생을 제외할 수 있다. 또한 가장 많이 이긴 사람과 가장 많이 이긴 사람의 나이는 같지만 성별이 다르다고 했으므로, 가장 많이 이긴 사람은 린 선생님의 딸임을 알 수 있다.

몇 개의 복숭아를 먹을 수 있을까?

1천 원으로 10개의 복숭아를 살 수 있고, 복숭아를 다 먹고 나면 10개의 복숭아씨가 나온다. 이 복숭아씨를 3개의 복숭아로 바꿀 수 있고, 그러면 4개의 복숭아씨가 남는다. 이 복숭아씨를 복숭아 1개로 바꿀 수 있고, 그러면 2개의 복숭아씨가 남는다. 복숭아 1개를 외상으로 사먹고 나면 복숭아씨는 총 3개가 되므로 이것으로 외상으로 산 복숭아 값을 갚을 수 있다. 따라서 당신은 총 10+3+1+1=15개의 복숭아를 먹을 수 있다.

이 방법은 모두가 알고 있는 방법이고 또 다른 방법이 있다. 한 번에 10개를 모두 사지 말고 나눠서 사는 것이다. 처음에는 3개, 두 번째로는 2개, 세 번째에도 2개, 이렇게 하는 것도 아주 간단한 방법이고, 똑같이 15개를 먹을 수 있다.

081 **사라진 1천 원**

이 세 사람이 계산한 금액이 3만 원이 아니라 2만 9천 원으로 나온 이유는, 종업원이 빼돌린 그 2천 원을 각자 쓴 9천 원에 포함시키지 않았기 때문이다. 즉, 처음부터 잘못 계산한 것이다. 그렇기 때문에 3만 원을 계산할 때는 종업원이 빼돌린 2천 원을 따로 계산하지 말고, 각자에게 돌려준 1천 원을 사용한 돈에 더해야 한다. 이에 따라 3×9000+3×1000=30000으로 정확히 맞는다!

다른 각도에서 생각해볼 수도 있다. 세 사람이 총 3만 원을 냈는데, 이 중 2만 5천 원을 사용했고 종업원이 2천 원을 빼돌렸다. 그래서 세 사람이 각자 9천 원씩 쓰게 된 것이다. 그래서 다시 돌려받은 1천 원씩을 더하면 정확하게 3만 원이 된다. 이렇게 사라진 1천 원을 찾을 수 있다.

082 배송비는 얼마일까?

유리 제품이 모두 훼손되지 않고 배송됐다면, 이 회사는 160만 원(800×2000=1600000)의 배송비를 받아야 한다. 하지만 실제로 받은 금액은 150만 원으로 10만 원이 적었다. 제품 1개가 훼손됐을 때, 택배 회사는 5000원(2000+3000=5000)의 손실이 생긴다. 따라서 훼손된 유리 제품은 20개(100000÷5000=20)이다.

083 골드바를 어떻게 나눠야 할까?

골드바를 자를 기회가 단 2번뿐이라고 했으므로 1/7, 2/7, 4/7로 3등분해야 한다. 이렇게 되면, 첫째 날에는 1/7을 주고, 둘째 날에는 2/7를 주면서 1/7을 돌려받고, 셋째 날에는 다시 1/7을 주어 가지고 있던 2/7과 합하여 3/7이되게 하고, 넷째 날에는 4/7를 주고 1/7, 2/7를 모두 돌려받고, 다섯째 날에는 다시 1/7을 주고, 여섯째 날에는 둘째 날과 같이 하고, 일곱째 날에는 돌려받은 1/7을 다시 주면 된다.

084 역방향 논리적 사고 문제

1. 쉬 선생님의 아내의 두 눈.
2. 뜨거운 물이 모두 차가운 물로 바뀌었기 때문이다.
3. 큰 소리로 외치기만 하면 된다.

085 연약한 남자

선장은 이렇게 말했다.

"당신들의 구조 신호를 받고 이곳으로 달려오면서 망원경으로 이곳의 상황을 살펴보고 있었습니다. 남자 분이 작은 칼로 자신의 손목을 긋고 피를 바다로 흘려보내 상어를 유인했습니다. 그래서 상어가 당신을 지나쳐서 피 냄새를 따라 남자 분을 쫓아가 잡아먹어버렸습니다."

086 수학 난센스 퀴즈

1. 두 형이 먹은 것은 총 200g의 파인애플이고, 동생에게 남겨준 것은 120g의 즙뿐이었기 때문이다.

2. 이 책의 가격은 5천 원이다. 형은 돈이 한 푼도 없고, 동생은 4천 900원이 있기 때문에 두 사람이 돈을 합쳐도 책을 살 수 없다.

087 동물에 관한 퀴즈

1. 사람

2. 어미 닭

3. 지도상의 길

4. 걸어서 가면 너무 느리기 때문이다.

5. 하나도 먹을 수 없다. 과수원에는 옥수수가 없기 때문이다.

6. 지렁이를 머리부터 꼬리까지 세로로 잘랐기 때문이다.

7. 세균의 자식

088 오늘은 무슨 요일일까?

목요일. 노인을 진실을 말하고, 아이는 거짓말을 하고 있다.

089 오랑우탄의 죽음

오랑우탄이 울부짖으면서 두 손으로 가슴을 치다가 스스로를 찔러 죽였다.

090 샤오밍은 왜 과제를 하지 않을까?

그 남학생은 이렇게 말했다.
"저는 제 비서를 기다리고 있어요."

091 시각장애인은 어떻게 위험을 피했을까?

지금은 낮이다.

092 물리 퀴즈

아무것도 보지 못한다. 그 방에는 조금의 틈도 없어서 빛이 들어올 수 없기 때문에 그 안은 깜깜한 상태이다.

093 누가 누구보다 느릴까?

그들은 자전거를 바꿔 탔다.

094 누가 내는 소리일까?

여자. 지구에는 남자와 여자가 있기 때문이다.

095 개는 어떻게 뼈다귀를 먹었을까?

개가 나무의 한쪽 편에 있고, 뼈다귀가 나무의 반대편에 있는 상태로 8m의 거리를 두었기 때문이다.

096 명사수의 비밀

그 사람은 모자를 총구에 걸어두었다.

097 이미 늦은 도둑들

여행 가방을 봤다고 해서 그 사람이 꼭 여행을 갔다는 보장은 없다. 어쩌면 물건을 옮기는 중이었을지도 모른다. 라오다슝은 밥솥의 취사 타이머가 끝나가고 있는 것을 발견했다. 이는 곧 신혼부부가 돌아온다는 의미였다.

___098___ 글이 없는 차용증

녹말이 요오드를 만나면 파랗게 변하는 화학적 원리에 따라 프랜시스의 친구는 전분 용액에 요오드팅크를 두세 방울 섞어 '파란색 잉크'를 만든 뒤, 이 잉크를 만년필에 넣고 그 만년필로 차용증을 썼다. 그래서 프랜시스는 분명 흰 종이에 파란색 글씨가 쓰인 것을 볼 수 있었던 것이다. 하지만 전분과 요오드가 화학 반응을 일으키면서 만들어내는 물질은 매우 불안정하고 쉽게 분해되기 때문에, 이 액체로 쓴 글씨도 4~5일 간의 시간이 지나면서 화학 반응을 통해 완전히 사라진 것이다.

___099___ 볏짚 부스러기가 잔뜩 묻은 시체

죽은 로빈훗의 머리카락과 귓속에 모두 볏짚 부스러기가 있었다. 살아 있는 사람이라면 머리카락에 붙은 볏짚은 참을 수 있지만 귓속에 있는 볏짚은 너무 간지러워서 절대 참을 수 없을 것이다. 그렇기 때문에 로빈훗이 평소에 머리에는 볏짚을 붙이고 다녔더라도 귓속에 볏짚이 있는 것을 봤다는 사람은 없을 것이다. 따라서 로빈훗의 귓속에 있던 볏짚은 분명 살아 있을 때 들어 있었던 것이 아니라 죽은 뒤에 들어 갔을 가능성이 높다. 결국 볏짚을 운반하는 버턴이 분명 아주 큰 혐의점을 가지고 있는 것이다.

___100___ 망가진 엔진

우리는 귀납법을 통해 범인을 찾아낼 수 있다. 먼저, 루이스는 엔지니어이기 때문에 맥문동을 모르는 것이 정상이지만, 약국 주인인 체스터는 맥문동이라는 약재를 모른다는 것이 말이 되지 않는다. 또한 범인이 이런 일을 꾸민 것은 3시 52분에서 4시까지의 8분 동안임을 알 수 있다. 당시에 선장과 선원들은 모두 함께 있었으므로 용의자에서 제외할 수 있고, 창 밖에 있던 사람은 분명 여행객일 것이다. 이 짧은 8분 동안에 이 여행객은 잡초가 무성했던 좁은 길을 지나 배로 돌아가 급유관을 끊고 성으로 돌아온 것이다. 그 시간 동안 보통 사람의 걸음으로 30분이 걸리는 거리를 다녀올 수 있는 사람은 루이스와 체스터처럼 건장한 남자들밖에 없다. 그중에서도 거짓말을 했던 체스터의 혐의점이 더 크다.

101 칼에 베인 상처로 범인을 찾아라

실제로 칼에 찔린 상처로 범인의 키를 추정할 수 있다. 칼은 위에서부터 아래로 비스듬히 몸속으로 들어갔다. 범인의 키가 피해자의 키보다 크다면 신체적 각도 상 비수가 힘을 받는 방향은 찌른 방향뿐이기 때문에 상처의 넓이는 비수의 넓이와 같을 것이다. 하지만 실제 상처는 넓이가 더 넓고 아래쪽으로 잘린 흔적이 있다. 이를 통해 귀납적 추리를 해보면 비수가 힘을 받은 방향은 찌른 방향 외에도 아래로 당긴 방향이 있는 것이다. 아래로 당기는 힘과 신체적 구조를 결합하여 추리하면 범인의 키가 피해자보다 작다는 것을 알 수 있다. 따라서 범인은 키가 큰 두 사람이 아닌 키 작은 대장이다.

102 도망친 강도를 침착하게 총살하다

일반적인 상황에서 모터보트는 아주 속도가 빠르기 때문에 보트와 수면이 접촉하는 면적이 적을수록 물결이 작게 일어난다. 도슨 경장은 경찰의 보트가 강도의 보트보다 더 빠르게 주행하고 있을 것임을 알고 있었기 때문에, 보트 뒤의 물결이 더 큰 보트를 강도의 것이라고 확신할 수 있었다.

103　야영 화재 사건

　　비록 안드레에게 불을 낼 만한 도구는 없었지만, 그렇다고 해서 불을 냈다는 혐의에서 완전히 벗어날 수는 없다. 불이 나는 원인은 아주 다양하기 때문이다. 사람이 불을 지르는 것 외에도 자연 발화, 벼락, 전기에 의한 발화 등 여러 가지 가능성이 있다. 우선, 당시가 초봄이었고 맑은 날씨였기 때문에 벼락이 쳤을 가능성은 배제할 수 있다. 그 당시의 기온이 그다지 높지 않았으므로 자연 발화의 가능성도 배제할 수 있다. 게다가 산속에는 전선과 같은 설비가 없으므로 전기에 의한 발화 가능성 또한 배제된다. 그렇다면 대체 무엇이 화재를 일으킨 것일까? 햇빛은 볼록 렌즈와 같은 매개체를 통해 한데 모아지면 물체에 열을 가할 수 있다. 이와 비슷하게 물도 특정한 형태를 가지고 있는 경우 햇빛을 모으는 역할을 할 수 있다. 안드레에게 투명 우비가 있었기 때문에 아마 이를 이용하여 강물을 떠서 특정한 모양을 만든 후, 햇빛을 모아 불을 만들었을 것이다. 하지만 그는 불을 끄는 것을 잊었고, 자신의 작은 실수가 대형 산불을 일으킬 것이라고는 생각하지 못했던 것이다.